谨以本书献给过去、现在与将来的吾之老师与学生

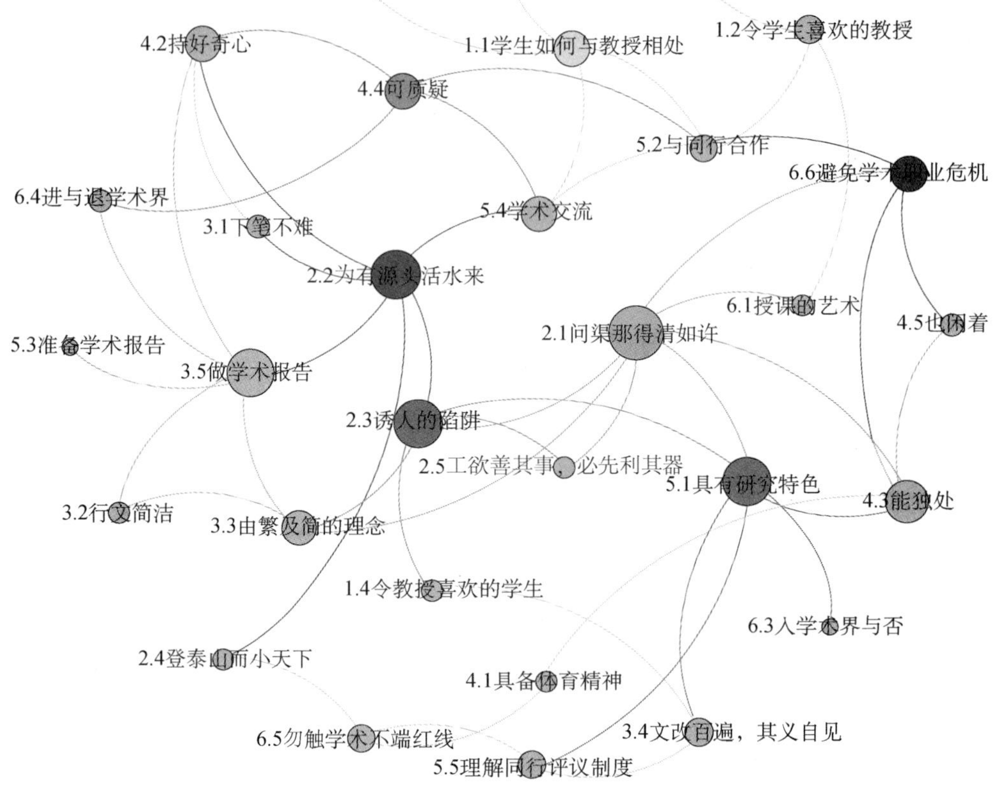

思维导图[①]

① 该图较为直观地表现了不同篇章之间的关联。乍一看，你会发现圆圈的大小、圆圈的连接线数目有差异。事实上，每个圆圈代表一篇文章，圆圈的大小代表这篇文章所述内容在学术阶梯中的重要性，圆圈之间的连接线则代表两篇文章之间有关联。该图有助于读者梳理各篇章之间的关系，若是在通读全书之后再回看该图，应当可以更加深刻地理解本书。

李娟◎著

师生相处之道
与学术研究入门

学术的阶梯

Punting in Academia:
The Art of Mentoring
and the Joy of Research

科学出版社
北 京

内 容 简 介

本书以诚朴的笔触勾勒出学者创造研究成果的漫长艰辛却又沉迷其中自得其乐的过程，从如何做一次研究到如何做一生的研究，从师生如何相处到师生如何合作，作者将抽象的学术研究过程比拟为日常生活中的直观感受，用贴近日常生活与常识的方式解读学者的精神世界。

本书包括六个板块：师生之道、学术之径、学术之果、学者之性、学术之涯和学术之维，共31篇文章，涉及的话题包括学生与教授如何合作、学生如何跨出研究之途的第一步、学者如何独立做研究、学者如何做好一生的研究、学者如何与外界保持健康的关系等。

本书适合管理学、社会学等领域的在读学生、高校教学科研人员，以及对相关问题感兴趣且善于思考的人士阅读。

图书在版编目（CIP）数据

学术的阶梯：师生相处之道与学术研究入门/李娟著. —北京：科学出版社，2018.2

ISBN 978-7-03-055928-9

Ⅰ.①学… Ⅱ.①李… Ⅲ.①师生关系-研究 Ⅳ.①G456

中国版本图书馆CIP数据核字（2017）第308995号

责任编辑：朱丽娜 高丽丽／责任校对：何艳萍
责任印制：张克忠／封面设计：润一文化

科学出版社 出版
北京东黄城根北街16号
邮政编码：100717
http：//www.sciencep.com
新科印刷有限公司 印刷
科学出版社发行 各地新华书店经销
*
2018年2月第 一 版 开本：720×1000 1/16
2018年2月第一次印刷 印张：16 3/4
字数：290 000

定价：49.80元

（如有印装质量问题，我社负责调换）

他序之一　我是这样读书的

我一直想写一本如何做管理科学研究、写论文的书。没曾想，李娟寄过来她的书稿，还让我写个序。

首先看的是第一阶“师生之道”。一看就进入了角色：想象自己是一名刚入道的学生，如何选择人生中影响十分重要的导师；想象自己作为一名导师，如何去面对学生，如何指导各种各样的学生入门；又把自己想象成是一位旁观者，如何观察、欣赏学生与老师之间的各种相处、博弈场景。想象的过程中，曾经经历过的又在眼前浮现；未曾经历的，想象着如果是我遇到，又该怎样去面对。这样，作为一名 25 年前成为硕导、20 年前成为博导的老教师来说，也是收获良多。

说到这里，我觉得李娟写的这本书，比我想写的书写得更好。我想写的书是说理性的，想告诉他人自己做研究的体会与经验，而李娟的这本书则是从“人”的角度来谈的，从研究选题（第二阶）、论文的写作与成果的报告（第三阶）到作为学者所应具有的人性（本性、特性、精神甚至灵魂，第四阶）、学者职业生涯所会面临的与同行的交流与合作（第五阶），以及整个生涯中还需要面对的一些重要事情（维度，第六阶）。更重要的是，此书中的很多结论是基于作者与学术界众多人士的沟通与交流得出的，包含了众多学界人士的经验。

阅读时，我常常会沉浸其中，有时仿佛我还在求学，从学生的角度，思考应该怎样开始自己的研究，怎样做更好的研究；有时又从老师的角度，品味、思索怎样带学生做好研究、做更好的研究。看完全书之后，我开始反思自己的研究生涯、自己带学生的导师生涯，我发现自己还有很多可以提高的地方。

阅读此书，会感受到字里行间体现出来一种温馨与甜美的态度，可以用一杯好茶来陪读。阅读此书不可贪快，每天2~3篇即可，看多了，会有点浪费。

胡奇英

2017年6月9日于复旦大学管理学院

他序之二　坚守学术梦想，做一个简单、纯粹的学者

李娟是我的博士师妹。收到她发来的书稿《学术的阶梯——师生相处之道与学术研究入门》，我多少有些吃惊。在当今，很多学者都想着撰写专业学术论文，想着尽快晋升，而她这本书稿谈的却是学术心得。

如果她所说的学术的“阶梯”，指的是怎样申请课题、撰写论文、评审职称，总结变为“学术大咖”的门道，那在目前的学术环境中，这本书稿也许还有一定的市场，但她谈的却是怎样成为一名真正的“学术人”，这就要为她书稿的“市场前景”捏把汗了。就如她在自序中提到的：“会有什么样的人来读这本书？这些人究竟会不会对本书中的内容产生共鸣？”

但我觉得，这正是此书的最有价值之处。对于一名学者而言，成为一名真正的“学术人”，应该是最基本的追求，然而，在学术功利化的现实中，这已经变成比较奢侈的追求。因此，一名青年学者把自己做学术的点滴、对学术的理解，细心地记录下来，这就成了当前的一股“清流”：用心做学术、用心做人。这可以帮助那些正在求学的学子确立正确的学术价值观，学会正确的做学术的方法，积极规划自己的学术人生。

此书抓住“师生相处”这一当前大学教育、学术训练的焦点问题，从教授和学生角度出发，分析治学之道，有很强的现实意义。目前，有很多本科生把本科毕业论文视为“鸡肋”，临到毕业答辩时才拼凑文章，甚至从网上大段粘贴，这就是十分糟糕的学术体

验和学术训练。本来要求本科生完成毕业论文，是希望通过撰写毕业论文，提高学生利用所学知识解决实际问题的能力，但是很多本科生的导师根本不花时间指导学生，不告诉学生基本的研究方法，不与学生探讨研究中遇到的问题，只给学生布置任务，然后等着学生交稿，这样的指导形同虚设，学生也就会以敷衍的态度对待论文，为交差而弄虚作假。硕士研究生、博士研究生培养也是如此。我国很多大学都对研究生尤其是博士生在读期间撰写、发表论文提出了明确的要求，可是也有一些导师只给学生提论文要求，学生感觉没有得到多少有意义的指导，而只是“老板”导师的“打工仔”，经历这样的“学术过程”后，有不少初入学术大门者便失去了学术追求和学术梦想。

李娟把学生与教授的关系定义为合作关系，探讨师生如何才能更好地合作，这是颇有新意的。教授与学生是合作式关系，而不是被依附与依附的“老板布置任务—打工仔完成任务”式关系，教授可以更好地对学生进行指导，学生也可以更积极的心态，参与教授的科研项目，在师生共同进行学术研究的过程中，进行学术训练、实现共同成长。

所以，无论对于青年教师还是学生来说，此书都是有阅读价值的——对于教师而言，这是一本如何当教师，指导学生开展学术研究，走好学术研究第一步的书；对于学生而言，这是一本如何认识学术，开启自己的学术生涯的入门书，或许很多学生不会选择把学术作为自己的人生追求，但要完成学业，也必须有学人心态。

当前中国学术存在的问题，根源在于学术管理制度和评价体系，但是要解决这一问题，一方面需要推进管理制度和评价体系改革；另一方面需要每个学者的自身行动。坚守学术梦想，做一个简单、纯粹的学者，捍卫学术尊严，这也是我读此书得到的教益。为此，感谢李娟的分享，也希望她的分享能令更多有学术梦想者受益。

21 世纪教育研究院副院长

2017 年 6 月 5 日

自　序　唯真情撼人心

我常常劝学生要读书做研究，也常常被反问道：研究是一种什么性质的工作？我回应道，做研究是天下最好的工作了，一辈子的工作就是为了开发自己的潜能。

在我所在的学术领域中，有非常多优秀的学术大家、青年才俊。他们对学术研究的思考必不会比我少，但是我之所以无知无畏地写出自己的想法，是基于即便是资深学者也经历过青葱岁月，随着时间的推移，他们曾经的心理挣扎的记忆，怕也难以忘却。那些年轻学者也即将经历我正在经历的心路历程，大可以此为鉴。对于和我一样正在思考类似问题的读者、同行们而言，或许这些文字能够让他们产生情感或经历上的共鸣。

当我提笔时，琢磨许久要多大程度地涵盖自己。如果叙述过于以自我为中心，便成了私人日记。如果减少作者现身，或作者隐而不见，可以保持焦点和不偏不倚，不过这也使文章话题显得更为遥远和陌生。因此，我在写一些学术界的人和事时，希望通过描写和他们交流互动的方式，以及让我与他们具有同感和产生分歧的那些事情，拉近与读者的距离。

本书包括六个板块，主要内容如下。

第一阶“师生之道”，阐述学者为师与为生之道。我博士毕业，工作多年之后，心态归零。后来，到圣路易斯华盛顿大学访问，这一段访学经历，一方面，使得我感悟人生如戏，学生生涯可以重来；另一方面，我时常可以抽身出来，以当下工作中的自己审视当下学习中的自己，从而得以记录自己为生、为师的交织过程。

第二阶“学术之径”，分析学者如何开始做研究。笔者在与很多同行、同学的交流中，会谈及如何开始做研究。多数时候，我只能抱臂深思，沉吟不语，因为我连自己是如何成为学者的都没有弄明白。回首往事，有点“时来天地皆同力，运去英雄不自由”的意思，还有不少好运相助的成分。这个经历听起来简直令人心惊肉跳，可事实的确如此，真是无可奈何。听到这样的话，只怕同行、同学也挺为难。因此，我试着去再现自己曾经走过的那些或直、或弯的学术之路。

第三阶“学术之果”，论述学者如何呈现研究结论。大抵学者在论文写作过程中，也会身处万事开头难的境况，很难写下第一笔；或是总算写出来了，回头一读，发现是用晦涩的语言表达了一个简单的想法；再或是自认为很得意的大作，却得不到同行的认可，因而无缘发表在相应级别的学术期刊上。我也多次经历了类似的困惑，通过自我反思与请教学术前辈，获得一些经验与教训，可与诸君分享。

第四阶“学者之性”，揭示学者的学术精神。依我之愚见，一位学者首先是一个人，身心协调发展方能塑造出一个具有完整人格的人。在具有了完整人格之后，要做好的研究，还需要哪些基本素养与品行？这又促使我思考，要做得一手好研究，又需要满足哪些要求？在思考过程中，我获得了同行分享的诸多宝贵经验，不敢私藏，以我的理解写出来供读者享鉴。

第五阶“学术之涯”，刻画学者的日常活动。作为一名学者首先要具有自我，方能形成研究特色。酒香也怕巷子深，学者还需要理解在学术会议中的交流方式，与同行合作，获得同行的认可，从而全身心地融入学术界中。

第六阶“学术之维”，刻画学者所处的研究环境。想必很多学术同行和笔者一样被人羡慕，因为一个学期只需要完成 2 门左右的授课任务，其他时间想做什么便做什么，何况还有两个假期。每每处在这样的情景中，我的脑海中就会浮现出这样的场景：无须上课的学术同行们悄悄地躲在办公室中或某个学术会议的报告厅内，独自做着或与他人讨论着研究工作，似乎没有一刻停息。纯粹依我之体会，学者虽然未必如工业界人士那般需要按时到岗，却也有隐性的要求，也会面临职业危机。

若第一阶“师生之道”是讨论学生与教授如何才能更好地合作，有助于学生跨出研究之途的第一步，那么第二阶“学术之径”与第三阶“学术之果”便是讨论学者如何独立做研究。当学者决定开始踏上研究之路后，第四阶“学者之性”和第五阶“学术之涯”便是讨论学者如何做好一生的研究。在这一生的研究中，学者如何与外界保持健康的关系，则是第六阶“学术之维”要探讨的问题。

当要把书稿交给出版社时，必会被问道：“会有什么样的人来读这本书？这些人究竟会不会对本书中的内容产生共鸣？”唐讴教授在校读本书稿过程中，也很好奇会有什么样的读者群来阅读本书。我也颇感困惑，不知道该如何回答。若直言相告，我仅仅是意识到写作会令自己心情舒畅，把一些存在于心中的意象，运用自己称心满意、妥帖得当的词句描述出来，再把这些词句巧妙地搭配起来，化为文章的形式，而且其中还有自我疗愈的意义。审视对自己生命造成改变的那些人或事，也许能够帮助自己找到本性，从而变得更好。当我与唐讴教授再次面谈本书的定位时，唐讴教授言，本书或许对那些刚在学术界工作几年的青年教师帮助较大。这些内容在写作的初期或许有些自传意味，在写作过程中，不断回望过去的自己，后来发现里面的内容与自己没有那么直接的关系，但我要说的是，学者这类人便是基于这些想法迎早送晚地过日子的。恰如《六祖坛经》中的一句偈语所言：“不离自性，即是福田。”

从某种程度上而言，本书是为我即将教授的学生而写就的。我曾请刘乐行同学教授羽毛球运动技术，从发球、接球、步伐等基本动作学起。结课之后，我与刘乐行同学打了一场比赛。刘乐行同学点评，赛场上的我处于高度紧张的状态，在比赛过程中，只能发挥出学习内容的一成功力，这一成功力便是在练习过程中最为熟悉、练习最多的内容。这样的经历令我感受到，教育是当自己忘记了所学的一切之后所存活下来的那一部分。虽然试图把学术研究的各项动作分解开来，逐条讲解给学生，但是当学生上手做研究时，恐怕也只能用上有限的几条。虽然这不免令人一时泄气，不过随着做研究的经验的累积，学生会慢慢地用上更多条。

在写作过程中，常常情不自禁地有那么一些真情流露，那些纯粹是我的主观感受，不知正确与否。或如校读本书稿的陈剑教授所言：写作只是作者思考的开始，此书中一些观点若引发了争议也不是坏事，因为学术共同体也是在不断的“研究中”发展、进步的。

我这么想就这么写，若有误导读者之处，还请多多包涵。

李文娟

2017年4月9日于南京

目 录

第六阶 学术之维 203

第一阶　师生之道

很多时候，没有总是完美的教授，也没有总是完美的学生，双方需要发挥彼此的优势来实现共同进步，也需要互相容忍彼此的缺点来维系这段重要的关系，从而互相成就。

作为教授，有哪些品质会颇受学生欢迎？又有哪些品质会令学生感觉不快？作为学生，自己是教授喜欢的类型吗？自己曾经或现在令教授头痛不已吗？师生关系中，学生该如何与教授相处？如何获得教授的帮助？

教授不止一种，学生也不止一种，不同的排列组合可以产生不同的师生关系。

1.1 学生如何与教授相处

嬴豫："在美国主流商学院攻读运作管理方向博士学位的中国学生，多数来自中国顶级名校，受过良好的数理训练。但是，刚开始攻读博士学位时的学业教育优势，四五年之后，到了找工作时，就不突出了。"

张任宇教授①："我所在的系招录的攻读博士学位资格候选人，一部分来自中国，还有一部分来自伊朗、韩国等。中国学生在学业方面有较大优势，但在人际交往方面相对而言有些经验不够。来自其他国家的学生，多数都有几年的工作经历，做事成熟，能够与导师维持一种和睦、高效的合作关系，比较容易获得一些资源和帮助。"

嬴豫："读书期间，学生需要关注如何获得完成学业所需的资源，以让自己、导师及学院都取得最佳业绩。"

① 本文中，学者的人名，除了嬴豫为笔名之外，其他人名均为真实世界中的学者所有。今日之助理教授，明日就是教授，因而，正文中学者的学术头衔均为教授。截止到本书出版之日，学者的正式学术头衔以致谢中的表述为准。

主动推销自己

遂古之初，谁传道之？

——《天问》

人非生而知之者，孰能无惑？惑而不从师，其为惑也，终不解矣。

修课过程中有疑问，你或许会出于“不好意思”，没有向任课老师开口；寻找工作过程中有困惑，你或许会出于“不好意思”，没有向教授求助……学术研究过程中，大多数时候是需要自己坚定地前行，但也要学会适度地求助他人，这种做法通常能避免走不必要的弯路。在开展研究工作的初期，总是一个人默默努力并不是一个明智选择，要想做出一些东西，就要善于寻求帮助。尤其是当自己被一些问题困住之时，更是需要该领域的专家将自己拉出困境。

与教授志同道合①

学生在选教授的时候，先要反问自己能带给教授什么？可能有人会觉得这个问题问反了，从来都是考虑选择导师能给学生带来什么好处，比如让自己有更好的就业机会，让自己更容易发论文。其实，如果仔细想这是一个再正常不过的问题了，就好比学生是一个商人，把自己推销给教授，首先要知道教授的需求是什么。例如，在教授主页上可以看到他擅长的领域，同时可以看到他欢迎有哪些专业基础的学生。如果教授招收到合适的学生，不仅学生可以发挥自己的才能，从而得到快速的发展，教授也能够在培养学生的同时获得学生的帮助。

除此之外，在正式确定指导教授之前，需要抓住机会向教授及其身边的人员询问：教授所做的研究目前发展到了哪个阶段？教授在所在的研究领域有什么贡献？所在研究领域有什么领军人物？自己感兴趣的研究领域的经典理论或重要研究成果是什么？教授日常都在做什么？

这样的交流过程可以让教授了解自己感兴趣的研究方向，同时自己也能够了解教授的研究方向，如此，不仅能够在接下来的几年里做自己喜欢的事情，从而做事更有

① 与教授志同道合型学生的对立面是固执己见型学生，进一步讨论见本书P35《1.5 令教授头痛的学生》一文。

动力、更幸福；同时，在研究中遇到困难时，也能够较容易地获得教授的帮助。[①]再退一步，若受条件限制无法相互交流，入学后，学生和教授彼此进一步了解后，发现自己不适合教授的研究方向，也可以向教授表达自己的想法，教授也知道强扭的瓜不甜，多数时候，会尽力把学生介绍到适合学生未来发展的其他导师处。

主动管理与教授的关系

教授只是师生关系中的一半。培养有效的师生合作关系，还要求学生了解自己的需求、优势和弱点及个人风格。学生不需要改变自己和教授性格中的基本因素，然而，学生需要清晰地认识到可能会妨碍或有助于同教授一起工作的因素。学生需要认识、了解自己的风格与教授的风格，明确自己的目标和所思所想，而不是精致利己地仅考虑自己的得失，也不是一味顺从或听从教授的管理和建议。

多数时候，教授也是人，是不完美的，对一些研究问题未必总是胸有成竹。教授和学生所面临的研究问题并不是一个有着标准答案的课程作业，而是一个教授自己也不清楚答案或解决方式的问题。

若学生与教授隔着一道沟去交流，交流过程中唯唯诺诺、唯命是从，不能及时说出自己的想法，那么当面临一个未解的研究问题时，一方面，学生无法从教授处获得对症之药，在研究领域无法取得进展；另一方面，教授也无法从学生身上获得新鲜的想法，改善自己的不足。

因此，学生要学会真诚做事，在学术方面，虚心请教、认真思考，及时说出自己的想法；在生活方面，努力和教授做朋友，让教授有机会了解自己的长处与不足，这样在遇到困难的时候，教授才能够对症下药，从而使自己获得高效的帮助。更何况，和谐的师生关系能为学术生涯提供一个良好的环境。

主动寻求帮助[②]

在学习阶段，学生的学术水平、科研能力是所有教授共同关注的问题，在这

① 关于学生与教授合作的进一步讨论见 P175《5.2 与同行合作》一文。

② 关于教授如何在课堂上给学生提供便利学习平台的进一步讨论见 P211《6.2 课程的管理》一文。主动寻求帮助型学生的对立面是巨婴型学生，进一步讨论见 P85《1.5 令教授头痛的学生》一文。

些问题中，最重要的是学生是否具有主动思考并主动寻求帮助的能力。学术研究不再是教授讲授内容，学生只要记住考点和要点即可，而是学生主动思考、勇于创新，教授因材施教、挖掘学生的潜力。

笔者访问过的圣路易斯华盛顿大学奥林商学院，二年级博士生都需要修一门有关个人独立学习的课程，基本形式是自己阅读学术论文，每周找教授汇报一次阅读中发现的问题和进展情况。这类个人独立学习的课程，一方面满足了学生修学分的要求；另一方面也培养了学生的独立思考能力。

从教授角度来看，教授的工作事务较多，自由时间相对较少，他们会在适当的时间和学生商谈选题、研究进度等相关事情；不过，有时也会无意地忘记安排时间，找学生了解研究进展。这个时候，学生若不积极主动地去寻求教授的帮助，教授则不能及时地督促学生进行研究，从而导致学生在研究和学习上产生懈怠。

从学生角度来看，学生对研究选题、研究方法甚至毕业去向的选择，都离不开教授的指导和帮助。学生应当积极主动地与教授沟通，汇报近期的研究内容和进度，交流研究中遇到的问题，并探讨解决办法。

主动解决问题

做研究的过程是一个不断寻求更好解决方案的过程，就算是资深学者也不能保证一次就能得出理想的结论。那么当研究遇到瓶颈时，该怎么办呢？若是就此放弃，那么之前所做的努力不就都白费了？这个时候，学生需要具备追本溯源的精神，从问题中跳出来，回到问题的起点，把已经完成的每一步重新梳理一遍，弄明白当初这样做的理由是什么，非这样处理不可吗？如果问题的答案是肯定的，那么是否是技术路线出现了错误，又或者是遗漏了某些细节，再或者是某些条件太过苛刻？简而言之，要一步步排查问题。如果并不是非这样处理不可，那么就尝试使用其他处理方式，有句俗话说得好，“不要在一棵树上吊死”，一条路走不通，就尝试走另一条路。

学生在研究过程中，发现自己感兴趣的方向，要及时和教授沟通，教授可以指导学生如何下手，去寻找支撑想法的资料和途径，帮助学生将空中楼阁的想法落地生花。

石玲同学在最初的研究阶段，无法取得预期结果时，开始心灰意冷，以为这项研究进行不下去了，也曾询问导师："如果这个研究出不来像样的结论怎么办？"导师微笑着回答："既然开始了，我们就只能认为它能。"她想想也是，如果导师做每篇文章遇到问题时都像自己这样觉得研究做不下去，那还怎么发得了那么多论文呢？所以，又恢复了些许信心，开始和导师不停地讨论如何改进模型，也开始加入了自己的思考，而不是像起初那样按照导师给出的模型处理数据。当她真正地开始理解问题，知道问题的起源和初衷时，就能够加入自己的思考，开始询问导师起初那样建立模型的理由是什么？这一次讨论的结果起到了关键性作用，"当看到输出窗口的拟合效果时，我是真的一个人对着电脑屏幕傻笑，高兴地把输出结果告诉导师，可以说，那是开始研究以来最开心的时刻吧！"石玲同学如此说道。如果没有导师的参与，石玲的这篇文章发表在好期刊上的概率会降低很多；而如果没有石玲的参与，这篇文章就不存在了。

遇到问题时，首要的一点是，给自己解决问题的信心和决心，然后再努力解决问题。做研究时遇到问题，可以与导师交流，导师的丰富经验和在学术圈的资源，对问题的解决有着不可或缺的作用，但是却不可以过分依赖导师，自己必须主动寻求问题的解决办法，不然就不是学生在做研究，而是学生在看导师做研究了，如果这样自己也不会有什么收获。

主动推销自己

要主动与教授保持经常性的交流。一些学生想当然地认为，教授一定会知道自己需要什么信息或帮助，并予以提供。而另一些学生会主动寻找完成一项研究工作所需的信息和帮助，而不是等待教授来提供。

很多时候，也许自己的一些想法可行性不高，这时如果教授能够及时指出来，那么会避免走弯路；或许自己只是有一点想法，对于如何实施并不明确，经过教授的指点能够达到事半功倍的效果；甚至在交流之后，基于原来的想法会产生新的想法。

况且，如果一个人只是埋头苦干，不足以让自己在这个人才众多、高度竞争的学术领域里被别人注意到，还需借助一些外力，即朋友或者该领域里有影响力的人的帮助和提携，方有可能让学术圈中的同行关注自己的研究工作，这样既可以为自己寻找到潜在的合作者，也能够体现出自己所做研究工作的价值。关于通过他人的帮助“推销”自己，可以从以下几个方面考虑。

第一，学会适销对路。在研究过程中花费大量的时间做研究、写论文，努力把自己的观点表达清楚，这些基础工作固然重要，但最后的投稿环节也很重要。每部期刊在一段时间内能刊登的文章数量是有限的，想要在众多的投稿文章中脱颖而出，获得审稿人的青睐，不仅需要自己的文章卖点好，还需要赢得审稿人的赞许。

因此，作为学术圈最底层的学生，要想发文章，就需要获得熟悉该期刊的“圈内人”的帮助和指导。“圈内人”是指那些经常在目标期刊上发表文章的“老手”，也指所研究领域的专家。导师就是距离学生最近的“圈内人”，因为导师有丰富的经验，深谙该期刊审稿人赏识的写作风格和感兴趣的研究方向，可以指导学生如何修改文章，投其所好，吸引审稿人的眼球。

读到此处时，唐讴教授点评道：“适销对路是学术生活中的常态，但是过度宣传未必真好。对于一名学生而言，首先考虑的问题是为何要做研究，如何做研究，其为本。让自己的文章适销对路，只是对研究成果推广的辅助。不可本末倒置。”依笔者的理解，若一名学生在考虑为何要做研究之后，方有必要认真思考如何令他人接受自己的研究观点。

第二，抓住做报告的机会，获得他人点评带来的帮助。[①]虽有“酒香不怕巷子深”的老话，但面对众多的酒，只有学会吆喝才能让别人注意到你，从而获得更多的机会或者是遇到一些对自己的研究内容感兴趣的学者。言浩在读博士期间，每次轮到自己做研究工作汇报时，都会提前一天到会场，邀请几位同学作为听众，一手拿白板笔，一手拿论文，在白板上演练一遍汇报中涉及的板书，并解说一遍与板书相关的研究启示。

在笔者曾经访问的圣路易斯华盛顿大学奥林商学院，常规性的学术报告有两类：一类是受邀而来的其他高校的教授汇报其最新的研究工作；另一类是本系师生自己汇报最新的研究工作。本系师生汇报的研究工作，多数是进行过半，尚未完工，对论文的研究贡献和定位尚未完全确定下来，这时由学者在全系师生面前做一次学术汇报，资深教授会给出一些中肯、重要的建议。

第三，主动去做应该做的事。一种表现形式为寻找研究工作中所需要的信息，

① 主动推销自己的常见方法之一是参加学术会议做报告，或聆听他人的报告并提出高质量的问题。进一步讨论见P191《5.4 学术交流》一文。

不是等着导师来告诉自己该做什么，而是积极地采取行动；研究选题的负责人是自己，而不是教授；勇于承担研究工作推进的责任，并积极采取措施扭转研究受困或进展落后的局面。另一种表现形式是在导师的研究过程中，有时候需要数据和实验的支持，导师可能会把这些任务交给学生去做，在这个工作过程中，学生虽然辛苦，但是越辛苦，对导师的研究理解得越深刻，同时可能会产生新的想法，开辟自己的研究方向，达到彼此成就的效果。

走得最急的时光都是最美的时光。相对于漫长的人生而言，求学时代的时光弥足珍贵，学生要尽可能选择一位与自己志同道合的导师，主动管理与导师的关系，在研究过程中，主动负责管理研究，遇到困难时要主动寻求帮助，并在恰当的时机主动推销自己。掌握这些能力，或许就能够慢慢地享受这段美好的求学生涯。①

① 关于师生之道的更多讨论，建议阅读 *The PhD Grind*. http：//pgbovine.net/PhD-memoir.htm[2017-06-20]。

1.2　令学生喜欢的教授

赢豫："看到本科学生对你上课的评价，几乎全满分。"

牛保庄教授："给本科生上运作管理课程，所涉及的模型看起来枯燥无味，常常要想一种能吸引他们学习的方式。最近在给学生讲报童模型[①]，讲模型前，我先给学生讲了这个模型如何帮我获得一个工作机会的例子。当年硕士毕业时，去一家咨询公司面试，面试的题目是关于销售量的，我用报童模型中的多订购所带来的过剩成本和少订购所损失的机会成本之间的权衡解释了如何调整订购量，令面试官信服，从而获得了一份工作。本科生听到学会报童模型还可以帮助自己找到一份好工作，就有动力且愿意主动去学习了。"

赢豫："看到评论汇总的留言，学生还送你一个外号——萌教授。"

牛保庄教授："常常扮演青年导师的角色，在他们面对申请国外学校继续读书还是参加工作的抉择时，帮助他们分析其中的利弊。"

① 报童模型：报童出售报纸，零售价 a>购进价 b>退回价 c。因此，每售出一份报纸，赚 $a-b$，每退回一份报纸赔 $b-c$。那么，报童每天要购进多少份报纸才能使收入最大？

教书育人

学之经莫速乎好其人。[1]

——荀子：《劝学》

笔者游历孔子庙[2]，走过那个叫泮池的小池塘，跨过礼学门的牌坊，进入大成殿，只见正前面站着一个合手而立的孔夫子，在他的正上方悬挂着一块牌匾，那上头的字是“万世师表”。这四个字对于中华民族而言无比庄重，它专门用来形容那些人类文明的人格典范和精神导师。

视学生为合作者[3]

师生关系，特别是研究生阶段的师生关系，并不是一种简单的工作关系，往往还包含着一种特殊的社会情感维度。

当教授有终身教职压力时，博士生很容易被视为研究助手，教授可能会给博士生一个明确的研究选题，希望博士生能够帮助自己尽快地完成。通过这种模式培养出来的博士生，可能会缺乏研究的独立性。

当教授用一颗从容的心指导博士生时，会让博士生扎实地修基础课程、专业课程，让博士生通过上课期间与老师的讨论，自己去寻找一个感兴趣的研究问题，为将来的独立研究打下基础。陈蓉教授提及，自己在攻读博士学位时，教授不曾安排她做非她分内的研究工作。这保障了求学期间的陈蓉教授能够全身心地投入到自己感兴趣的研究选题中，并做足研究准备，为日后具备扎实的研究功底打下了基础。

视学生为合作者，这一条实施起来还是很困难的。面临晋升压力、科研压力的教授可能会将学生视为研究助手，若教授试图将学生视为合作者，当学生的研

① 对教师来说，能尽快地让学生接纳和喜欢自己，能持久地让自己成为学生的仰慕者和崇拜者，也便是教而能进的奥秘所在。

② 孔子庙，又称作文庙，是纪念中国伟大思想家、教育家孔子的祠庙建筑。

③ 教授视学生为合作者的动机可能主要来自学生的质疑精神，进一步讨论见 P175《5.2 与同行合作》一文。

究能力不济时，平等的合作关系也无从谈起。退一步讲，能够在学生面前持有谦虚态度的学者也十分难得。笔者请教黎擎教授如何指导聪明而又勤奋的学生时，他谦虚地言道：虚心向学生学习、认真听取学生的建议和想法，方能维持一种良好的师生关系。笔者求学期间，教授运营管理课程的唐讴教授曾描述过亚洲与欧洲文化背景的教授在思考方面的差异。唐讴教授的硕士生指导教授具有亚洲文化背景，这位教授不无担忧地说，要趁着体力好、精力充沛之时，把应该掌握的知识尽量掌握，否则后续会被学生问住，可能会比较难堪。唐讴教授在瑞典林雪平大学开始执教时，他的一些具有欧洲文化背景的同事在课堂上常给学生讲，对一些问题老师也不知道如何解决，这样的上课氛围，让学生体会到老师并非全知全能，一方面，学生和老师的距离显得不再遥远；另一方面，知识是在不断进步的，所谓学海无涯，学生就会有更大的动力去学习新知识，从而青出于蓝而胜于蓝。当笔者工作多年后，再与唐讴老师聊起这段对话往事，方领悟到其中的深意。于是，在教学和研究的岁月里，笔者也常常能够坦然地对学生说，一些问题笔者也不知道，希望能够和他们一起探索。

依笔者个人经历，教授建立与学生合作关系的平台除了表现在研究过程、授课环节中，还可以呈现在师生就某个研究选题开展广泛讨论的过程中。好的研究工作既需要体现出深度也需要体现出广度。在研究深度方面，教授通过与学生一起评述研究文献或学术报告，日积月累，可以慢慢做到；不过，若不静心思考，一篇篇研究文献、一场场学术报告，仿若是散落的珍珠，个个都有价值，却无法将其连贯起来，此刻，教授就需要与学生在研究广度方面开展合作。对于教授究竟借助何种方式获取研究广度方面的效果，仁者见仁。笔者请学生校读自己给学生授课的讲义，并真诚地邀请学生质疑讲义、找出笔者的逻辑思维漏洞。在反复的校读和讨论中，一方面，学生可以清晰地认识到笔者的思维局限性，与笔者形成一种互相学习、补充的合作关系，从而提高自己的认识深度；另一方面，学生可以将散落的珍珠逐渐串联起来，从而扩展自己的认识广度。

愿意与学生建立平等合作关系的教授，会在日常生活中就体现出这种风范。罗俊教授提及，自己的师爷每年会给在读和已经毕业的学生寄去圣诞贺卡，圣诞贺卡的内容如下：第一段，手写学生名字；第二段，已毕业学生取得的成就和家庭变化；第三段，正在攻读博士学位学生的进展现状；第四段，过去一年导师自己的学术成果和家庭变化；第五段，自己签名。

因材施教

每个学生都有自己的特点，需要花费大量的时间找出他们的特长。申作军教授曾经指导一名大四本科生做毕业设计，研究选题的讨论就持续了五个月，在确定最终选题之前，让学生尝试了六七个选题，或是因为学生没有任何实践方面的理解而无法做，或是因为学生数学方面的理解和准备不够而无法做，最后选择的选题，学生做出了很好的结果，在进一步完善后，可以达到在顶级期刊发表的要求。

多数学术大家在获得无数荣誉之后，更愿意扶植或者挖掘新一代才华横溢的年轻人，把平生所学传授给他们，至于名利，早已看得轻如鸿毛。在指导学生时，申作军教授不仅要找出学生适合做科研的方向和工具，还要留心学生的内心动态，成为学生日常生活中的好朋友。尤其是在学生未来的发展方向和工作选择方面，他更是悉心关注。他的学生中有四对夫妇，都是其中一位做了他的学生后，另一位也从别的地方转过来；已经毕业的博士生中，已有十多位在多所世界名校做教授，可谓桃李满天下。申作军教授能够有教无类、因材施教固然是极好的，不过也需要花费大量的精力。

启迪学生①

令学生喜欢的教授不仅仅是师者，传道授业解惑，更要启迪学生学会如何对将要从事的研究领域产生学术兴趣。在过往岁月中，笔者在指导学生时，常不自信是否能够激发学生的研究兴趣，在与学生进行合作研究的过程中，时常要去询问学生，对正在做的选题感兴趣吗？刘伟华教授也面临着类似的困惑，他曾经指导的一位硕士研究生具备从事学术研究的潜力，他建议这位学生继续攻读博士学位，然而这位学生委婉地谢绝了导师的美意。因而刘伟华教授开始反思：自己有哪些方面的能力还需要提高？如何与学生有效地交流，并激发学生的研究兴趣？

一些学术大家能够巧妙地激发学生的研究兴趣。陈建清教授言及，每到一所学校进行学术访问，从对青年学生有帮助的角度出发，他采取了两种措施：

---

① 关于在课堂上教授启迪学生的进一步讨论见 P205《6.1 授课的艺术》一文。启迪学生型教授的对立面是管理过紧型教授，进一步讨论见 P21《1.3 令学生无奈的教授》一文。

一是在讲具体的研究工作之前，综述一下自己的研究履历，说明研究思路和认识的演变过程；二是尽量选择一项容易上手的研究工作做报告，为青年学生展示研究工作非高深莫测，只要有好奇心，任何人都可以做。明亚欣博士生回忆刚开始攻读博士学位的那段时间，导师让她选择了一个很有趣的研究选题，在研究过程中，虽然也会遭遇挫败，但是由内而生的兴趣所带来的愉悦可以抵消部分挫败感，渐渐地她能够形成一套自我奖赏系统，从而高效地完成博士学业。

令学生喜欢的教授不是要求学生抱残守缺，而是要求学生独立思考。邓天虎教授提及其英俊潇洒、桃李满天下、史上最棒的导师时，常常要感叹道：千里马常有，而伯乐不常有；在学生成为一名教师的过程中，导师为他提供了广阔的科研空间、独立的研究环境和轻松的研究氛围，导师追求卓越的鞭策，激励邓天虎教授不断突破自我，且使其受益匪浅。

教育的目的在于让人思考。李皓语同学在研究生学习阶段，她的导师未曾逼迫她去思考，而只有她遇到问题，主动找导师的时候，导师方提供帮助。她的理解是，平素里，导师不找自己，不是不指导自己，而是希望自己思考后，能够带着问题主动寻求帮助。不过，若一段时间内总是不找导师，导师也可能不得不找她，试图去帮助她。日复一日，她就在期待导师的关心与怕导师的关心中度过那段学习生涯。

对于能够启迪学生的教授，恰如孔子所言：“不愤不启，不悱不发。举一隅不以三隅反，则不复也。”也就是说，不到学生冥思苦想而仍领会不了的时候，不去开导他；不到他内心想有所表达而不会表达的时候，不去启发他。孔子一方面说诲人不倦，另一方面却又动辄不教。

赞美学生的努力而非灵气

笔者曾经常对学生说：“你真有灵气！”相信很多学者在学生有好的表现时，夸耀之词都会无意识、无原则地脱口而出，尤其是这句“你真有灵气！”但是，当笔者读到 *Mindset* 一书后（Dweck，2006），方觉悟到：“赞美学生的灵气而非他的努力，是在慢性地扼杀学生的成长型思维。”

成长型思维和固定型思维最大的区别是：具有固定型思维模式的学生会认为自己的智力和能力是定量的、不会变化的；而拥有成长型思维模式的学生是“能力渐进论者”，他们相信自己的能力可以通过努力得到提升，做事不易放弃，更能从这个过程中享受到乐趣，更容易寻求帮助，复原力也更强（Dweck，2006）。

当笔者停止赞美学生的灵气之后，开始表扬努力的学生：“你很努力！”表扬坚毅的学生：“尽管很难，但你一直没有放弃。”表扬态度认真的学生：“你做事情的态度非常不错。”表扬注重细节的学生：“你在逻辑思维方面进步了很多。”表扬有创意的学生：“这个方法真有创意。”表扬有合作精神的学生：“你与合作者合作得真棒”……不再将所有的好表现都归结为让学生感觉虚无缥缈也不知道该怎么提高的“灵气”上了。

虽然笔者停止了从灵气的角度表扬学生，却也在反思自己的过往行为。直到读到 Tsay（2015）的研究，才知道多数人更赞赏得自天赋而非努力的成就；不过，在多数情景下，努力工作的人表现更佳。也就是说，如果通往成功的道路充满荆棘，那么努力的人可能更适合这条道路。

身先士卒

具备身先士卒精神的教授不会告诉学生应该去做什么具体研究选题，而是以身作则，鼓励学生自我发现，让学生认为研究选题是自己的，在研究的过程中，不仅仅是接受导师的部分观点，也是在自我学习与提高。

具备身先士卒精神的教授能够极大地激发学生的工作激情。李纾教授曾经被笔者问及如何保持高质量和高产量的研究成果，他说和同行指导学生方式的不同之处在于，他就是多做了一步，每次开讨论会，批评完学生的研究工作后，再给学生指一条解决问题的生路（not ask a question but give a solution）。这是想告诉学生，老师和他在同一个学术战壕中并肩作战。笔者的导师指导学生的风格是：以身作则，在学术和生活方面以严谨、自律潜移默化地影响学生；在学生求学期间，教授和学生保持一定的心理距离，使得教授可以在需要批评学生的时候，能够及时警戒学生，学生在教授面前从来不曾有得过且过的时刻。

洪流教授指导学生的方式是和学生讨论出一套可行性比较高的实施路径，但是能否做出研究结果的不确定性也非常高，他会和学生一起探讨下去。学生看到导师都这么全身心地帮助自己写论文，并且是夜以继日、非常有激情地参与进来，也会感同身受，从而愿意主动地花费精力在论文的探讨和写作过程中。

分配耐心与时间给学生[①]

愿意给予学生耐心的教授，一定是对学生具有共情心的教授。丁和根教授颇有体会地言及，学生的成长，外在表现为办事能力的提高，内在表现为专业素养的提高。依笔者理解，学生在办事能力和专业素养方面的成长，非一日之功，而要靠岁月的奖赏，在这个漫长的过程中，需要导师付出极大的耐心。笔者指导学生开展研究工作的最初几年，总是无法把握好耐心的程度，多数时候是纠结于：若对学生的研究进展抱有太高耐心，会令他们感受不到学术研究过程中的严格性，最后出不了研究成果；若对学生的研究进展抱有太低耐心，又会令他们恐惧去做研究，而不得不落荒而逃。那些岁月，笔者总是在两种极端状态之间不断徘徊。

当笔者跟随刘乐行同学学习羽毛球时，方真正地领悟到了如何才能掌握对学生的耐心程度。有一日，当练习完网前球的握拍手型和击球落点后，刘乐行同学总结，运动技能的形成分为三个阶段：第一个是泛化阶段，初步掌握基本的技术动作，在羽毛球运动中就是指你可以接到球，然后可以把球打到对方场地就可以了。第二个阶段是分化阶段，在这个阶段开始对你的技术动作进行规范训练，形成正确的动作姿态，今天你的打球状态就是处在这个阶段。第三个阶段是熟练自动化阶段，指可以自由发挥和运用运动训练中的标准技术动作。在每个阶段完成相应阶段的任务，就应该受到表扬。

笔者想，学生与自己在研究领悟力上不同，当学生还处于泛化阶段时，若自己用熟练自动化阶段的标准去评价他们，自然耐心就会低，学生也必然会落荒而逃。这样的经历不断地提醒笔者，在与学生相处的过程中，需要换位思考，多从学生的视角思考学生正在经历的困难与面临的挑战。

愿意将时间与精力分配给学生，并提供高质量指导的教授，极有可能是好教授。成名成家的学者，不缺钱也不缺地位，但是特别缺时间。

刘倩教授回忆自己读书的时候，导师非常繁忙，但是每次见面必与她深入交流。当时做学生的刘倩教授非常珍惜每次与导师交谈的机会，总会做充分准备，

① 分配耐心与时间给学生的教授的对立面是贪多求大型教授，进一步讨论见 P21《1.3 令学生无奈的教授》一文。

从不浪费导师留给自己的时间和投入的精力。具体而言，导师指导刘倩教授的方式是：若导师不出差，会尽量每周与刘倩教授讨论研究进展；若导师出差在外，可能不得不把讨论的时间放在开会的间隙。每一次讨论，导师都会全神贯注地指导刘倩教授，所以刘倩教授不愿意辜负或错过每一次与导师面谈的机会，用心准备好每一次写作和会前汇报；如果预想的某条路走不通了，尽可能地多想些其他的路，请导师根据自己的研究经验帮其选择该走哪条路。

品德高尚

德高为师，身正为范。古之师者，不唯传道授业解惑，更注重教给学生德行，即为人处世、待人接物之道。以武侠小说中的门派之别来说，当一个门派的弟子行走于江湖之时，其特质不仅仅是其所习之武功技法，更显著的是其行事之道在自然中流出门派的独特风格，而这一突出的门派风格是其师傅在日常修习上所规范的，也是弟子在师傅身旁耳濡目染的结果。由此可见，古代师生之道不仅仅是技艺上的传承，更是品行、德行的传承。

如果师德能够成为师生关系中的重要关注点，并将其运用于对学生的引导和规范中，应该会是一番值得憧憬的师生相处景象吧！

学生的信任，是为师者最大的财富；作为教师，要享受这种财富，就必须尽到自己应尽的责任。对学生要因材施教，宽严相济。对不同的学生，要依其背景和能力的不同，而协商确定不同的努力目标，但对所有学生而言，需要有一条最低的学术准则。笔者虽然指导学生已 7 年有余，却常常拿捏不准宽和严的度，有时会导致学生不适应，有时也会令自己陷入身心不愉悦的状态。

当方星博士的导师离开一线讲台之时，方星博士尚未博士毕业，当研究没有进展时，方星博士常常会萌生放弃学业的念头，但是，他的导师始终秉持“一个也不能少”的信念，一直关心和叮嘱他。完成博士论文答辩的方星博士曾深有感触地写下导师给他留下的印象：“节比黄花，两袖清风，培育桃李满桑梓；恩似青天，一寸丹心，广施英才尽楷模。”

依笔者的感悟，不同的教授在品德与学识方面可能各有所长，从规避不毕业风险的角度看，学生在选择教授时，或可以多侧重于考虑教授的品德。

学生能力的成长，既要依靠别人的帮助，也需要借助自己胸中的小火苗。小火苗是从经验中学习的能力，意味着形成习惯。习惯使我们能够控制环境，它有两种表现形式：一种形式是习以为常，即有机体的行动和环境取得全面的、持久的平衡；另一种形式是主动调整自己的行动。导师的任务就是找到每位学生胸中的那束小火苗，给它氧气和空间，让那束小火苗熊熊燃起。

1.3　令学生无奈的教授

令学生无奈的教授与令学生喜欢的教授的差异如下。

对待论文进展的态度：

令学生无奈的教授：“学生在毕业前必须有几篇论文。”

令学生喜欢的教授：“与学生合作多一篇或两篇论文不会让我更有名，我希望学生成为一名具备质疑精神的学者。”

挂在嘴边的话：

令学生无奈的教授：“正在进行的研究项目如何？有什么结果了吗？”

令学生喜欢的教授：“正在进行的研究项目，学生发现什么有趣的问题了吗？”

对待学生遇到的困难：

令学生无奈的教授：“学生不能每次都依赖我，学生要学会靠自己。”

令学生喜欢的教授：“让学生和我一起想想。”

过了半个小时，令学生喜欢的教授发过来邮件：“请阅读附件中的论文，并告诉我阅读后的想法。”

对待工业界人士和项目经费：

令学生无奈的教授：“学生必须博得工业界人士的欢心，否则我很难帮助学生获得来自工业界的研究资助。”

令学生喜欢的教授：“看起来，工业界人士喜欢我们的研究结论，学生可以从容不迫地给工业界人士做一个学术报告。”

源浊却要流水清

贤者以其昭昭使人昭昭，今以其昏昏使人昭昭。

——《孟子·尽心下》

为期不长的象牙塔生涯是多数学生人生中的一段重要经历，而教授就是这段人生经历中的领路者之一。

然而，有些教授的人生规划中没有指导学生这一项，只是迫于各项制度要求，不得不指导学生；有些教授认为指导学生实在是有些浪费自己的精力，不仅占用了自己做学术的时间，在某些情况下，学生还极有可能成为教授学术道路上的“绊脚石”。对于学生而言，各类或主动或被动的对学生漠不关心的教授是令人无奈的。

缺乏“一桶水”型教授

笔者常常想，指导学生做研究，除了可以帮助学生获得其想要的学位，对教授的意义何在？后来领悟到，对于教授而言，指导学生的过程是帮助自己加强对所研究对象的领悟力的过程。所谓自己有“一桶水”才能给学生一瓢水，在听取学生论文答辩过程中，常常感觉学生理解得慢且浅。现在笔者觉得，不是学生理解力的问题，而是教授自己没有那“一桶水”，导致在和学生沟通的过程中，用了一些模糊的、抽象的词语，令学生似懂非懂，自然学生就不理解了。

没有“一桶水”的教授一创新，学生就受创伤。这些教授经常给学生带去很多奇思妙想，然后让他们作为课题去研究。然而，这些教授或是不懂或是不愿意努力思考将想法转换成研究问题的重要性，这样的风格害苦了学生，导致学生有时候不知道如何着手，有时候是花费了大量的精力和财力，却只得出一些不太有价值的结论。

没有“一桶水”的教授无法给予学生关于什么重要的建议。教授应该告诉学生哪个题目值得做，哪个不值得做；哪些题目去做就能找到新东西，哪些题目做了也找不到新东西。学生在研究过程中，需要教授的不断引导，从而在可能走歪路的时候被及时纠正。如果教授不能帮助学生建立“什么是重要的”价值观，学生就可能会过多拘泥于细节，容易沿着细枝末节走入“歧途”，不重要的事情，做了很多，而忘记了真正重要的研究内容。并非所有的问题都可以转化为研究问题：想法是潜在的研究问题，但是将它们转化成真正有意义的研究问题却不容易。

有了金刚钻，才能揽瓷器活。有“一桶水”的教授在给学生提供研究方向时，多数时候已经事先替学生试探了很多条路。教授给出的方向，是在试探了很多条路走不通之后给出的可能行得通的方向。另外，教授具备的判断力和直觉能够告诉学生，这个方向的重点和关键问题在哪里，学生只要抓住关键问题，一般不容易走入死胡同。

非学术型教授

教授的学术生涯也会遇到瓶颈，或已经到了某个局部的顶峰，研究后劲儿不足且很难再有更高的建树。这时候，教授可能会把一些精力放在行政事务中，同时承接一些不太需要高水平研究能力支持的项目。久而久之，教授便会被庞杂的事务干扰，从而分散精力，没有足够的时间去做研究，对学生的指导质量也会下降。

非学术型教授可能会把学生当作雇员，这样的教授会让学生做非学术的事情，因为学生与教授之间的地位不平等。很多时候，学生或许是敢怒不敢言。不过，长此以往，可能同在一个系里的其他同事会有意见，会修改相关的管理制度，防止类似情况再次发生。

贪多求大型教授

当一位教授指导的学生数量不多时，有很大可能会做到因材施教。但是，学生人数多了以后，教授就不可能关注到每位学生。比较普遍的情况是团队结构梯队化：资深教授下面有年轻教授、博士后帮助带学生，博士后下面又有博士帮助带硕士。这种结构有好处，就是可以带很多学生，梯队的成果看起来很大。但是这种结构也有负面效果，就是教授自己跟学生的关系不密切了。学生本是为了能够得到资深教授的指导才选择他，随后发现，自己被交由其他教授指导，和所选教授只是名义上的关系，和想象中的完全不一样。由于学生多，教授也不得不按照亲疏远近把学生分成几类，这容易造成学生不信任教授，或奉承之风盛行。

若教授愿意对学生负责，便会严加控制自己带学生的人数，因为教授自己的精力非常有限，招收学生一旦超过正常范围，便不可能对每个学生都精心培养。以笔者为例，一天的精力分配可能是：1/3 的时间用于备课、上课，1/3 的时间用于做研究，还有 1/3 的时间用于指导学生。若是到了每年的 4—5 月份，学生要毕业写论文，需要获得教授更多、更细致的指导，而笔者受限于能力与精力，常常是顾及了这位学生的研究进展，就有点忽视另一位学生的研究进展了。

丁和根教授向笔者分享了他指导学生的经验，即控制学生的人数规模，特别是为保证对博士研究生的培养质量，在条件允许的情况下，要主动减少所指导的硕士研究生的名额，从而保障能够在每位学生身上投入足够的时间和精力。

管理过紧型教授①

教授经常会询问学生每天都做了什么事情，这对学生的发展是无益的。创新需要空间，频繁地与学生见面，无助于学生做出高水平的创新性成果。因此，教授应以激励为主，监督为辅。一些教授过度批评、监督学生，不仅打击了学生的自信心，也会导致其创新意识被泯灭，更严重的会使学生出现逆反心理，导致师生关系亮起红灯。也有些教授给出的研究方向很窄，甚至参考文献都指定，不关心学生的兴趣和能力适合哪一方面，导致学生在研究方面一筹莫展。

教授适度地管理学生，有助于学生既明确行进方向又有自我发挥空间。郝忠原博士学成归来，被问及与导师相处的模式时，郝忠原博士说，非常幸运遇到一位适合自己的导师，在课题方面，导师会给她一个研究的大致方向，然后留给她很大的空间自由发挥，她和导师会有规律地会面，把最新的想法和导师交流，导师一般会给予鼓励并给出建议，除非是因为基础工作没做好，否则导师是不会严加批评的。郝忠原博士本人是需要一些外部压力的学生，幸好有一位愿意花时间带学生的导师，否则她可能就无法按时毕业。

① 管理过紧型教授的对立面是启迪学生型教授，进一步讨论见 P11《1.2 令学生喜欢的教授》一文。

时间与精力吝啬型教授[①]

笔者所认识的学者多是从事数理模型方面的研究工作，要指导学生对这类研究上手、有感觉，需要教授投入非常大的精力，这样的指导催生出两种类型的教授：一类是不管好脾气还是坏脾气，总是乐意手把手地教学生；另一类是在论文前期放手让学生自己探索，只进行战略性、方向性的指导，在论文后期带领学生定位研究成果，润色研究结论，深挖管理直觉。张任宇教授认为，多数刚开始接受学术训练的学生比较适合第一类教授。

第二类教授放在学生身上的时间和精力相对较少，他们更愿意和同行、同事展开合作，若非自身能力强大的学生，请这类导师指导自己恐怕不合适。不过这类教授多数本身极为聪明，通过三言两语就能够抓住学生要表达的思想本质，再反问个把问题，就能够检查出来学生的逻辑推理是否有漏洞。

对于学生而言，在确定指导教授之前，一定要做好调研工作，以便了解自己希望就读的院系的研究氛围和管理氛围。虽然作为一位局外人，不可能了解系里每位教授的指导风格，但是在了解了这个系的相关学术制度后，也能大概推测未来导师的学术价值观与学术活动方式了。

① 时间与精力吝啬型教授的对立面是分配耐心与时间给学生的教授，进一步讨论见P11《1.2 令学生喜欢的教授》一文。

1.4 令教授喜欢的学生

叶勋垒同学："老师，您觉得像我这样的学生，读研究生的话，导师会喜欢我吗？"

赢豫："你是什么类型的学生？"

叶勋垒同学："尊师重道，追寻真理；有时也会洒脱，也会酒醉鞭名马。多数时候的自己还是很务实的，以心学集大成者王阳明[1]先生提倡的知行合一为处世准则。"

赢豫："你个性洒脱、不被外物所困扰，又希望将理论知识运用到实践中去，属于知行合一类型。那么，尽量去寻找一位有类似风格的导师，看能否与他志同道合。"

叶勋垒同学："这是一个双向选择的过程。"

赢豫："读完'师生之道'这一阶，希望你能活学活用。"

① 王阳明（1472 年 10 月—1529 年 1 月），原名王守仁，别号阳明。浙江绍兴府余姚县（今属宁波余姚）人，著名的思想家、文学家、哲学家和军事家。

师说

知之者不如好之者，好之者不如乐之者。

——《论语·雍也篇》

世态万千，教授的个性有千万种，学生的个性也有千万种，不同个性的教授可能喜欢不同个性的学生。出生并执教于西北地区，颇具男人气概的一位教授言及[①]，希望男学生具备男子汉气概，女学生具备独立性。作为女性的笔者却不曾对学生有过类似的要求。笔者不希望谈及教授与学生之间个性的匹配，而是希望表达具备何种学习习惯的学生令教授喜欢。

一法通，万法通。做研究的学生不仅需要带着问题主动地学习，还要打下坚实的基础，掌握关键的研究方法，善于吸取课堂中所学的精华，方能以不变应万变，从而万法通。

问题驱动式学习

学生不应是为了学习而学习，而应是带着问题主动地学习。石玲同学在研究过程中需要用到一种统计分析方法，在最初阶段，她从最基本的概念开始学习。这样持续了一段时间，她发现盲目地记下所有的知识点的方法收效甚微，于是便搁置了对该统计分析方法的学习。直到修读了相关课程后，她才意识到原来该统计分析方法的功能如此强大。后来，她的导师把一项需要用到该统计分析方法的研究选题交给她时，她没有像起初学习研究方法那样从头开始，而是先理清了研究中的主要目标及需要的具体方法，然后有针对性地学习这些功能。

采取问题驱动式学习的学生不仅能够知其然——掌握“怎么做”，还能够知其所以然——明白“为什么”。知其然类似于一个自动开关的恒温器，一旦室内温度低于 20 摄氏度即自动打开。多数学生通常在知其然学习环节大放光彩。毕

① 本书行文中多处涉及笔者与一些具名或匿名学术同行的交谈内容，为免赘述，不再一一增加双引号。

竟获得学位、专攻特定的知识领域并将这些知识用于解决现实问题，是他们的优势。这些学生几乎总是诸事顺利，很少经历失败。因为很少体验失败，所以可能就不知道如何从失败中学习和成长。

如果一个恒温器开始思考“为什么我的开关温度被设置为20摄氏度”，并能够尝试寻找性价比更合理的温度设置，这种模式就是知其所以然。叶勋垒同学深有感触地言及，成功的一种表现就是从一个失败走向另一个失败。依笔者理解，当叶勋垒同学在经历一连串失败之后，他开启了知其所以然模式，学习、调整他正在使用的、指导其行为的思维模式，从而从一连串的失败走向真正的成功。

夯实研究方法的训练

想成为一名学者的学生要想能够写学术论文，就得了解相关的研究方法。

研究方法是一种思维逻辑方式。要深入了解某一种研究方法，可能需要去了解一些关于该研究方法的历史演变过程。唐讴教授在攻读博士学位期间，通过修读一门经济学历史课程，帮助自己更客观地了解了各个学派及当时存在争议的研究选题，也就明白了该研究方法的发展背景和相关特性。

再进一步说，研究方法是一种哲学思想。陈剑教授言及，中国的哲学家做的是朴素哲学，归属于思想家；西方的哲学家做的是科技哲学，他们首先是研究者，如亚里士多德。多数时候，用朴素哲学就可以指导人类社会的发展，也就是说，缺乏科技味道的哲学思想足够应对多数情景，这或许是中国的科研水平整体略逊色于西方的原因之一吧！因而，依笔者的理解，学生应能够加强自我在科技哲学方面的训练，或能够从根本上提升自我的学术素养。

学生修读研究方法课程，能领略到教授授课过程中授人以渔的要点。也就是说，学生不仅学到了相关的研究方法，还能立刻上手做研究。宋京生教授回忆，自己的第一篇学术论文就是在修读导师所开设的研究方法课程时完成的。龙小洋教授的第一篇学术论文的雏形，是她在香港科技大学攻读博士学位期间，在修读一门研究方法课程时提交的期末课程作业。

夯实技术方法的训练[①]

想成为一名学者的学生需要能够写学术论文，还得了解相关的研究技术。

技术方法于学者类似于演奏技巧于音乐家。音乐家在从事音乐活动时必须有一种方法或技巧，弹钢琴时就是井然有序地使用琴键。这种井然有序的秩序感，并不是在弹钢琴之前就已在音乐家的双手和头脑中存在的东西。

技术方法不同于演奏技巧，可能在于演奏技巧是为了实现演奏某一个乐器的单一目的而需要练就的，而技术方法是为了能够解决无穷无尽的问题而归纳总结出来的。无论何种研究方法，归根结底都是为了培养人的思维能力和思维敏捷性。也就是说，通过了解这些方法，知道可以从多个角度想问题，知道可以忽略一些因素，关注另外一些因素。

学生通过修读本领域的基础技术专业课程，可以领略学术大家的思维习惯。杨振宁[②]教授曾回忆到，他在大学期间修读的量子力学是王竹溪[③]教授所教的，这门课程王竹溪教授教得非常全面，而且也非常有深度。他到了芝加哥大学，一位学术大家开的一门课也是量子力学，杨振宁教授又去重新学习。这位学术大家非常忙，所以通常不备课，在讲课过程中有时就会出错，杨振宁教授那时对量子力学已经有一定程度的认识，所以他发现，这位学术大家出错的时候，总是会想法弥补，当学术大家想法弥补时，思维就像天线一样向各个方向探索到底是什么地方走错了。那么，在这关口，就可以看出学术大家在物理学上的思维特点：哪些是学术大家心里觉得值得注意的地方，哪些只是雕虫小技，是不重要的。通过这一点，杨振宁教授学到了学术大家对物理学的价值观念。

在读到此处时，张任宇教授追问：如果授课教授不是学术大家，怎么办呢？依笔者的想法，修读学术大家的课程可遇不可求，若非学术大家授课，学生也可以学到所在研究领域的一些已有知识，至于如何进一步提高领悟力，多是要靠自己了。

---

① 学者需要夯实技术方法，并非说做研究的目标是掌握技术方法，进一步讨论见 P61《2.3 诱人的陷阱》一文。

② 杨振宁（1922 年 10 月—　），安徽合肥人，1957 年获诺贝尔物理学奖。

③ 王竹溪（1911 年 6 月—1983 年 1 月），湖北公安人，物理学家、教育家，中国热力学统计物理研究的开拓者。

积极主动学习

研究方法课程质量的好坏不仅取决于授课教授是否认真备课，更是取决于学生完成作业质量的情况。令教授喜欢的学生会认真完成作业，积极发表自己对课程内容的看法。笔者在圣路易斯华盛顿大学访问期间，看到运作管理系与营销系的博士们奋力工作：博士二年级的李豫在每次上完董灵秀教授的研究方法课程之后，都围着教授，久久不肯离开，主动与教授讨论着一个个潜在的研究选题；马上参加博士生资格考试的三年级的许发胜，更是全情地投入到论文和研究选题的准备过程中，研究过程中的草稿从桌面铺到了脚下。

颇令人遗憾的是，一些学生对课程考核要求敷衍了事。一位朋友曾经叹息道，他为本科生开设的一门课程，要求学生每双周提交一次课程作业，并且每次的作业内容都需要在上课前提交，做作业相当于课前预习，需要时间。而学生最缺的就是时间：他们需要为出国准备英文考试，要为曾经不及格的课程准备补考，还要重修曾经的低分课程。总之，他们非常忙，忙得没有时间认真地去品味知识的魅力，忙得人生很焦虑。有位学生更是写了一篇洋洋洒洒的檄文，从美国宪法修正案谈起，引申到作业量过多会影响到自己的身心健康，以及未来的事业发展，更是惊动了一些家长，家长向学院委婉地表达学生学业压力过大。最后，面对学校定位“学生的诉求总是第一位”的不变原则，对作业量不得不一减再减。

学生要求减作业量的事情，对于一所学校或一个学院而言，或许是一朵小小的浪花，随着时间的推移，这朵浪花会消散在茫茫大海中。于是，因循旧历，该做什么就继续做什么了。

无独有偶，笔者的另一位朋友也有类似的经历。他刚回国工作，第一次上课时，把在美国教授 12 周的课程内容放在中国 16 周的教学计划中，第一次上完后，学生反映：课堂作业太多，课程知识点太多。在中外高校中，学生的心态不同。在外国高校中，学生在 12 周的时间内，主要任务是学习，因此会拼命地学，而在假期，则是拼命地玩。在中国高校中，刚刚从高考走过来的学生，无论是在主观意识还是客观精神状态上，都倾向于把大学视为放松的场所；并且，在 16 周的学习过程中，各类社团活动让他们分心，以至于无法全身心地投入到学习中。因此，在第一次上课时，给学生明确提出课程要求，管理好学生在学习这门课程过程中的期望，以及适当调低老师对学生学习效果的期望，使这两个期望处在同一条线上，就不会有太大问题了。

借助笔记自我反思[①]

借助笔记自我反思，是指在学习的过程中，通过记录可以帮助现在的自己回望过去的自己，从而发现自我的不足。

人类的记忆有两种：短期记忆和长期记忆。短期记忆时间极短，一般不超过2秒，一定时间——通常为20秒左右后，会再遗忘一部分；长期记忆时间比较长久，可以持续保存长达多年。教授喜欢勤做笔记、善做笔记，且懂得将教授传授的知识转化为自己的知识的学生。

人是贪图安逸的，对于那些自己不熟悉的信息，或暂时对自己没有利的信息，在长期记忆中，会主动忘记。很多学生都会有这样的感受，课堂上听过的一些知识点，课后怎么也回忆不起来。到了期末复习阶段，仅凭头脑或书本回忆并不是一件容易的事，而做笔记可以避免对知识的混淆和遗忘，令自己明白教材的重点和难点，从而事半功倍地在考试中取得理想的成绩。

学生笔记所记录的信息应侧重于教授的灵光一现及自己的思考。教授课上补充的内容非常重要，有些有助于自己对问题的理解，有些有助于课程内容的耦合，有些甚至是对课本知识的补充，因此，这部分内容是绝对不能落下的。相反，对于已有知识或信息则不必花费很多精力去做笔记，等到需要的时候，使用搜索引擎调出这些信息即可，不必为了记下这些易于获取的信息浪费过多时间。不过，课堂中的有些学生可能不具备前述的有所针对性地记录笔记的领悟力。曾在中国一些高校开课的唐讴教授观察到，学生可以目不转睛地看着黑板，同时一只手在不停地记录，课堂中的他常感到不习惯，其认为学生完全是在“被动”地听课，从而失去了对教授观点进行思辨甚至挑战的机会。

另外，做笔记还有很多意想不到的作用。做笔记可以让人处于持续的兴奋状态，让大脑不断得到刺激，缓解疲劳。做笔记还是一种无声的语言交流，能训练人的语言转化能力，将教授的声音信号转化为文字符号，可以提高一个人选择、归纳有效信息的能力。

---

① 在研究过程中的自我反思主要表现为对所写论文的反复修改，进一步讨论见P108《3.4 文改百遍，其义自见》。

做笔记也是塑造人格和促进个人成长的最佳途径。能够将别人讲的重要内容记录下来，这表明了你保持着一种倾听的良好状态，是尊重别人的表现，也是你赢得别人尊重和青睐的重要通道。

比起用笔记本电脑打字记笔记的学生，手写记笔记的学生对课堂内容记得更牢（Mueller 和 Oppenheimer，2014）。很多人对在电脑上记笔记的低效有一定的了解，但大都认为低效的原因在于多任务处理和分心，并认为只要自己能克服这个缺陷（认为自己完全可以认真听课），那么采用笔记本电脑记笔记的方式不失为一种绝佳手段。正因为如此，越来越多的学生开始采用这种“先进的方式”记笔记。然而，事实上，即使笔记本电脑只被用来做笔记，这种记笔记的方式仍会因为大脑的浅层处理而效果不佳，或者说在笔记本电脑上记笔记趋向于原封不动地照记课程内容而不是处理课程信息并用自己的语言重塑。

书到用时方恨少，事非经过不知难。课前，预习课程内容；课中，加入自己的思考做笔记；课后，根据教授的要求，完成课程作业以消化课堂知识。这些做法能够保证学生具有扎实的理论功底，若是再拥有较强的执行力和吃苦耐劳精神，恐怕不得教授欢心都难了。

1.5　令教授头痛的学生

赵丹青教练：“肩膀放松，大腿收紧，脚背外翻夹水，腿自由放松，手臂向外向下拨水，快速吐气和吸气……来，再练习一个回合……”

嬴豫：“练习过程真是无聊，教练从五岁开始学习游泳，如何熬过无聊和重复的训练时光？”

赵丹青教练：“挨打！”

嬴豫：“被打就能让肌肉产生记忆？”

赵丹青教练：“分人，有的人被打一次，能永远记住；有的人被打一次，只能记住一个小时；有的人被打一次，只能记住三分钟！”

嬴豫：“哦，怪不得，看到您教小朋友时，手上总拿着一根小竹竿！”

勤能补拙

宰予昼寝。

子曰："朽木不可雕也，粪土之墙不可圬也！"

——《论语·公冶长》

理性的学生，顾及自己的利益，追求自己的最大化效用，这是天性使然，没有什么可奇怪的。但学生的进步多是来自学生与教授之间的相互合作，只有合作，才能共赢，才能给学生和教授都带来最大化效用，这是师生之间应有的集体理性。但是，基于个体的理性决策常常与集体理性相冲突，导致所谓的令教授头痛的学生出现，这不利于学生与教授获取最大化效用。

懒惰型学生

学术研究本身是需要探索的，在未知面前，无论教授还是学生都是平等的。若学生把思考过程全部推给教授，将自己物化成一个工具，看起来吃苦卖力的是自己，但却逃避了自己应该主动探索并参与其中的责任。最后的结果只能是年龄痴长几岁，而能力和知识水平却在原地踏步。纵然教授想帮助其进步，但面对只是应付的学生，教授也无能为力。

以笔者所在的运作管理研究领域为例，能在学术界站稳脚跟的学者，多数都具有一个共同特点：非常勤奋。他们无论在求学时代，与导师的学术合作阶段，还是在自己独当一面的研究生涯中，总是可以较为快速地完成一个项目；之后，对此进行不断的改善。笔者曾请教陈建清教授保持高质、高量研究成功产出，除了聪明和勤奋，还需要具备什么品质？陈建清教授快速地答到，当然还是勤奋。

颇令人奇怪的是，一些人会把勤奋视为智力低的表现。蒋忠中教授颇有体会地言及，自己会被一些人点评道："你真是工作勤奋啊！"这些人的话外之音是："你的研究成果多，只是勤奋而已；我只是不勤奋罢了，否则研究成果会更多。"依笔者体会，这些人的心态实在不足取，在某种层面上，能勤奋是可专注的一种表现，不能勤奋，便不大可能在某件事情上专注如一。

一名学生如若不仅聪明，还很勤奋，先天的资质加后天的努力，就具备了成为大师的潜力。一名学生如若不聪明，那就勤奋一点，因为勤能补拙；踏实的学生，即便不够聪明，只要肯去读书、钻研，从教授的角度来说，也是可造之才。笔者曾经教授的一位学生天资虽不是那么聪慧，但是他从来都是非常勤奋、踏踏实实地做好每一件事，这种难能可贵的能勤奋、可专注的品质或可能成就他的一番事业。若是不聪明还不愿意花时间弥补的学生，所做的工作多数是按照教授的设计进行的，日日都在应付，本身参与的程度较低，这样一旦出了问题，责任多是在学生自己。在体育运动领域，赵丹青教练所教授的一些学生中，若需要他通过外力的方式方能激发学生进行运动训练，那么这些学生可能就有一些懒惰了。在学术研究领域，每想到这类学生时，笔者常不由地感叹，这些既不聪明又不勤奋的学生，在读书期间不愿意下功夫，工作之后，不知能给社会作出多大贡献。

巨婴型学生[①]

巨婴型学生是因没有学术进展产生愧疚感，而被动地疏远了教授，其根源是学生怕麻烦教授。但是不麻烦彼此，关系也就无从建立。其实，将寻求帮助视为麻烦，这本身就意味着学生在师生关系中会经历失望，因为他认为自己伸向教授的手是不受欢迎的，所以这叫麻烦导师。只有当关系真正建立时，师生之间的爱与善才会真正地产生。

巨婴型学生或是想当然地认为，教授一定会知道自己需要什么信息或帮助，并予以提供，一些教授可能很擅长以这种方式关心学生。但是对学生而言，期待所有教授都能这样做不太现实；更合理的期望是相信自己能够从教授那里获得适度的帮助。毕竟，教授也是人，除了指导学生的研究工作，还要履行教学、社会服务等责任。

巨婴型学生主动找教授的时间和次数屈指可数，并且多是在迫不得已的时候，如论文要开题或答辩时。此时，一方面，教授无法准确知晓学生的研究进展处于哪个阶段，不能及时对学生正在研究的内容进行点评和反馈；另一方面，学

① 巨婴型学生的对立面是主动寻求帮助型学生，进一步讨论见 P3《1.1 学生如何与教授相处》一文。

生在研究过程中所累积的问题越来越多、越来越大，从而使学生无法向教授澄清自己遇到的问题，即便学生能够澄清，也可能会因为问题太大，连教授也束手无策，因为已错过了将大的、复杂的问题分解为小的、简单的问题的最佳时机。上述这两方面的情况，都可能会导致学生在错误的道路上越走越远，从而浪费时间和精力。

巨婴型学生可能需要导师过多的呵护。戴宾教授提及，在每次科研讨论会中，都需要针对不同学生进行不同程度的呵护。自主学习和科研能力强的学生每周只要简单汇报进度即可，对于科研能力稍差的学生，可能需要为其提供更多的帮助，甚至需要有在黑板上共同讨论模型和推导定理等细节的呵护。

若自我感觉是巨婴型学生，主动与教授约定好见面的频率，或许能够进行自我“救赎”。

绵羊型学生

绵羊型学生没有质疑精神，不善于主动思考。该类学生在学习阶段没有主见，在教授的面前像小绵羊似的，不敢提问题，不习惯向处于权威地位的教授提出要求，事事需要教授吩咐，只知照本宣科，大脑只起到一个复印机的作用，不会触类旁通，不会举一反三。这类学生只能从事别人安排好的、非常具体的任务，长此以往，将会失去创新精神和主动性。若是这个学生是刚刚进入学术圈的新手，教授带着走一次、两次还好，若是整个研究阶段都要教授领着走，不仅无法和教授一起进步，相反还需教授分一部分精力放在自己身上。久而久之，教授恐怕要劝他早早改行去做其他事了。

绵羊型学生欠缺创新能力。一些学生会说自己的导师如何如何，若学生的导师是一些国际性奖项的得主，学生自己也觉得很光荣。但是细想一下，前辈们创立的那个范式是已经确定了的范式，你自己的价值是什么？因而，学生需要去批判、质疑已有的范式，看看自己是不是有新的发现，甚至可能会创立新范式。

在学术研究过程中，“黑天鹅”和机遇并存，探索一个选题可能不会如最初设想的那般顺利，甚至可能会状况频出，这就需要学生与导师共同参与、不断修正选题，而这个修正的过程正是发现机遇的过程。若是绵羊型学生，可能只是严格按照教授设计的路线走，不试着去“四处碰壁”，也就将自己关在了选题本身设想的“黑箱”里，很难产出意料之外的成果。

绵羊型学生的视野较为狭窄。这类学生会长期思考该如何做才能令教授满意，教授的每一句话、每一个表情都有可能被其过度解读，而要想成为独立的学者，恰恰是需要一些轻松愉快的心情和异想天开的能力的。若学生长期被“无法令教授满意”的心态占据，会制约自身独立思考、开创研究选题的能力，而这些能力却是未来走向独立研究所必需的。

这么说来，若双方之间加强交流，或可以减少绵羊型学生的数量。对于教授而言，除了组织正式的学术讨论活动，教授还可以约学生一起餐叙、一起参加集体的体育运动等，缓解学生对教授的紧张感。对于学生而言，要主动了解教授，并与教授保持一种轻松的师生关系，或许还是有机会自救的。

固执己见型学生[①]

学生应当有主见，对于在研究过程中所出现的各类问题，均应该具有自我意识，带着一些可能的解决方式与教授沟通。但学生又不能固执己见，拒教授的建议于千里之外。

笔者的一位朋友颇有体会地言及，固执己见型学生在研究过程中遇到困难、摔了跟头后，可能在接下来的几个月内，能够虚心接受教授的建议；然而，之后又暗暗憋劲，摔更大的跟头，并重复这个过程。

比如说教授认为某篇文章在内容方面存在不足，不能投稿，还要改，学生可能非常不理解，然后工作就不好开展了。这种情况一旦发生，对教授来说，学生就是固执己见了。

这位朋友的观点引发笔者思考自己曾经遇到的那些固执己见的学生，除了学生对研究问题理解不到位，或没有努力去解决问题之外，自己的指导有没有什么问题呢？或许可能是笔者本身没有树立很好的榜样，无法让学生打心底里认同自己所做的研究选题；也许是笔者给出的建议大而空，令学生在学术研究过程身陷“老鼠拉龟，无从下手”的窘境。长此以往，学生对笔者产生了不信任，或者信任被消磨殆尽，于是就开始固执己见了。

① 固执己见型学生的对立面是与教授志同道合型学生，进一步讨论见 P3《1.1 学生如何与教授相处》一文。

精致利己型学生

精致利己型学生是世俗的、过于自我的。在学习阶段，学生的学习与工作计划均离不开教授的指导。学生若不与教授商量自己的时间分配计划，可能会打乱教授对其指导计划的安排。例如，有些学生想在研究工作之余找一份兼职，若不提前告知教授或听取教授的建议，而是先把兼职实习确定了，最后通知教授一声，那么在研究工作中就会出现临时抱佛脚、急着求助教授的现象。而研究工作是要一步一步打基础的，怎可能速成呢？

精致利己型学生平时对导师交付的任务不理不睬，等到需要写毕业论文的时候，才寻求导师的帮助。若是对平时的任务不予重视，能力没有得到相应的提升，很容易导致与导师的交流不在同一个频道，等到需要导师帮助的时候，连交流都会存在很大的障碍。

在正常情况下，导师交付的任务都是对学生能力的锻炼，并不是平白无故的安排，更不是随意交予的。在本书的校稿过程中，李皓语同学提供了很多帮助，笔者曾经问她，校稿的经历给她带来了什么收获，她回答道："一是摒除了对学术研究工作的一些偏见，譬如，学者虽然多数时间是在独处，但也会参加各类学术会议、建立有价值的社交圈；二是提高了逻辑思维方面的领悟力，将来在做具体的研究选题时，能够较快地领悟导师建议的要点，可能会有一点就通的体会。"

精致利己型学生可能会主动失联。杨柳教授回忆道：每年都要为很多本科生撰写推荐信，在写信的过程中，学生非常殷勤，但是一旦拿到了推荐信，出了国，就再也没有联系了。她常反思，是学生太功利，还是自己想多了？笔者也有类似的经历，指导一些学生做研究，这些学生会将该研究经历写到个人简历中，一旦拿到了推荐信，相关研究便缓做或不做。牛保庄教授的体会是，这类学生多数成绩非常优秀，在与教授交往的过程中，给教授各种关于努力学习的期待；一旦达成了目标，就抽身离开，再也不主动联系教授了。

笔者将上述情况讲于钟煦冬先生，从事幼儿教育的他分析道：这些学生从事学术研究的选择可能不是他内心需要的，而是达成某一目的的手段。看到高校中那么多精致利己型学生后，钟煦冬先生在开展幼儿教育活动中，尤其强调要让孩子展现出他们内心驱动的想法，而不是去迎合来自外界的要求。

当郑旖旎同学读到此处时点评道：精致利己型学生可以说追求的是短期投资效益，其实追求长期投资效益的学生也是利己的，或者说事实上人都是自私地追求自己的效益，只不过选择的方式是否高端不同而已。追求长期投资效用的学生不仅获得了当下的好处，也得到了教授的真正喜欢和相应的学术人脉，这比起一纸推荐信也许更有作用。这么说起来似乎太功利，但是是否有这种人存在呢？

笔者觉得学生是利己的，一方面，是性格问题，另一方面每个学生的学习目标不一样，如果学生的目的就是想毕业了出去工作，那么可能会把实习任务放在首位，而拖延教授所交付的任务。如果这样，在教授看来，这类学生就是精致利己型的。如果学生的目的是想留在学术界呢？跟着教授学习自然是最好的方式，若想要跟着教授学到知识，就必须与教授建立起良好的关系；若要与教授建立起良好的关系，那么就要完成教授所分配的学术任务，这其实也是精致利己的，只不过在教授眼里并不全是罢了。①

师生关系中，毕竟是学生相对处于劣势的，若精致利己型学生能够主动管理自己与教授的关系，使自我的目标与教授的目标保持一致，双方或有很大的可能性达成双赢。

若是学生在研究中不能主动思考，在与导师的交流中畏首畏尾，在研究过程中遇到问题而未能主动寻求帮助，在做研究的过程中表现出精致利己性，那么这类学生若侥幸顺利地完成整个学习，可混到一个文凭。朱阳教授感叹：从人的一生角度来看，若在学术研究中表现出懒惰、巨婴、绵羊……在其他方面或许也存在类似问题。从管理角度看，教授与学生的关系应该是权责对等的，让合适的人去做合适的决策，或可以避免出现上述这些类型的学生。

① 郑旖旎同学又说："这么一想，自己又好像在说些无用之言，该书作者所写的'令教授头痛的学生'本身就是从教授的角度出发的，即从教授眼里看到的学生是怎样的。犹豫了一会儿要不要删，还是不删了，不当绵羊型学生。"

第二阶　学术之径

研究选题从何而来？学者应该选用何种研究范式？如何立足于已有研究结果作出新的贡献？研究过程中会遇到什么样的陷阱？学者又有什么样的捷径可走？

身处参差多态的世界，如果只抓研究选题的表象，往往会只见一斑而不见全豹，陷入“破碎”的困境；又或是从新奇性求出位，背离了探寻研究选题背后本质的初衷，那么究竟该如何确定研究选题呢？选定研究选题后，学者面临研究方法的选择，如果只用模型化方法或实证方法，往往会使研究理论分析绝对化或数据分析片面化，从而陷入“空泛”的困境，那么究竟该如何选择研究方法呢？

2.1　问渠那得清如许

嬴豫：“一件成功的建筑作品，第一不能离开使用的需求，第二不能离开时代的背景，第三不能离开美术的原理，第四不能离开文化的精神。建筑设计与管理研究本质相同。”（陆谦受和吴景奇，1936）

胡奇英教授：“管理研究的本质是什么？”

嬴豫：“管理解决现实问题，不脱离需求和时代背景；管理是一门学科，有理论体系，不脱离原理；管理是决策，具有善意，离不开人文精神。”

胡奇英教授：“一切学问，皆问题导向。这里说的问题应来自实践。在学问发展起来之后，就可能会顺着其自身的逻辑发展。学问与实践的关系是二者同源，区别是学问有其逻辑，实践也有其逻辑，二者的逻辑有所不同，但因为二者同源，所以逻辑也是同源，都是人类大脑、心智中的逻辑。”

源头活水

半亩方塘一鉴开，天光云影共徘徊。
问渠那得清如许，为有源头活水来。
——（南宋）朱熹：《观书有感》

学术世界看似无聊，其实布满了魅力四射的选题；还有一件妙不可言的事情是，这些选题居然都是免费的。对于多数学者而言，若能在漫山遍野的选题堆中，挑选出一两个宝贵的选题，若这些选题还是新的，并且同行也感兴趣，那么就有可能发表在梦寐以求的顶级学术期刊上。

问渠那得清如许？这些选题有如下特征。

令同行有奇袭感[①]

奇袭感就是令同行有情理之中、意料之外的感受。学者发现有趣的研究选题之后，可能这个选题只是被自己慧眼识珠，因此自己还要担负着让同行也觉得这个选题有趣的责任。

世上最困难的事情，可能就是把自己头脑中的想法放到别人的头脑中，很多学术论文投稿被拒的主要原因是选题不被同行认可。笔者的很多同行都有类似的体会，每拿到一篇需要评审的文章，首先会了解文章的研究背景和选题缘由。之后，放下文章，开始思考，若是自己遇到了类似的研究选题，会如何解决？会获得哪些研究结论？最后，重新拿起文章，阅读作者在文章中所给出的结论。

通常情况下，同行会有三种反应。

第一种反应，若作者给出的研究结论与同行所想的一样，那么审稿人会认为该文章的研究深度不足，不值得去做，因而接受稿件的可能性会较小。同行的这种反应类似于观看一部平淡无奇的电影，在电影刚开始，或行进到一半时，观影者就能推测出电影的结局，这类电影一般只有较低的票房。

① 关于令同行有奇袭感的研究选题的进一步讨论见P167《5.1 具有研究特色》一文。

第二种反应，若作者给出的研究结论不仅与同行想的结论不一样，而且作者给出了合理的解释，令同行感到不读这篇文章自己不会想到研究结论是这样的，读了之后他会感叹自己当时为什么没有想到。那么，关于这个选题的研究，就起到了捅破一层窗户纸的作用，同行在阅读后会发现，之前不理解的现象，其中的原因竟然是这样的。此时，同行就能主动把作者的想法放入自己的头脑中，该文章至少令他有奇袭感，接受该文章的可能性会较大。同行的这种反应类似于观看一部略有趣味的电影，当电影快结束的时候，观影者就能推测出电影的结局，并且基本认同电影导演关于情节的安排，这类电影一般具有较高的票房。

第三种反应，同行如果不读这篇文章，就不会知道其中的原因是这样的，但是读完之后，同行简直不敢想象文章中论证的原因是正确的，并且在反复细细品味的过程中会不自觉地嘴角上翘，能够与论文背后的作者相对而笑。显而易见，这种境界的研究工作为数不多，但这样的研究往往能成为该领域中的经典之作。同行的这类反应类似于观看一部精品电影，观影者在整个观影过程中，眼睛紧紧地盯着荧幕，被剧中的情节带入，多数情况下无法推测接下来会发生什么。当电影结束后，观影者简直无法想象电影中所发生的事情，但是又能心服口服地接受这些事情。这类电影一般具有极高的票房，能引发仁者见仁、智者见智的讨论，多年之后，可能会被新晋电影导演以致敬的方式重拍。不过，朱阳教授认为，很多短期逐利行为是和长期目标不符的，一些电影的票房极高，可能是由该电影的导演或演员的粉丝的热爱推起来的。

学术论文有很多种表达形式，能够类比为电影的这类学术论文，主要是以讲故事为主进行研究的。胡明教授提醒，还有一类学术论文侧重于论证一种新的研究方法，这类研究方法主要是通过数学的形式展现出其内在的美。这类优秀的学术论文同样能够给同行带来奇袭感。唐讴教授点评道，上述关于奇袭感的描述可能比较适合管理类的研究，是否同样适用于其他学科领域，还有待讨论。

是自我领悟的产物[①]

从事令同行具有第一种反应选题的学者可能是处在“昨夜西风凋碧树，独上

① 好的研究选题是自我高度领悟力下的产物，进一步讨论见 P143《4.3 能独处》一文。具有较高研究领悟力的学者能够较好地讲授课程，关于研究领悟力影响授课形式的讨论见 P205《6.1 授课的艺术》一文。

高楼，望尽天涯路”的状态。该学者对所研究的选题还处在惆怅迷惘、无法深究的状态中。

从事令同行具有第二种反应选题的学者可能是处在“衣带渐宽终不悔，为伊消得人憔悴”的状态。该学者对所研究的选题能够呕心沥血、孜孜以求，终得以发现他人未解之处，点破所在研究领域的某些研究问题。

从事令同行具有第三种反应选题的学者可能是处在“众里寻他千百度，蓦然回首，那人却在，灯火阑珊处”的状态。该学者历经上下求索，一朝顿悟，发前人所未发之秘，辟前人所未辟之境，令他人难以置信竟然还有这样的研究选题，还能给出这样的解决方式。

具有使命感[①]

侠之大者，为国为民。学者的研究经费主要来源于政府、企业等，在社会的巨大变革中，学者能够为企业、社会和经济发展做什么？笔者曾和一位工科领域的同事聊天，他问：“你是做什么研究领域？”笔者答：“管理。”他再问：“具体是做什么的？”笔者迟疑了一会儿说：“运作管理。”他自言自语道：“没懂，我做的是燃料电池，你看，一听就明白吧！”

类似这样的经历，令笔者反思自己所从事的研究选题究竟对社会发展有什么价值？笔者所在管理领域的学术大家也很早就意识到了此类问题，陈方若教授言及，造成这种局面，一方面原因是管理听上去确实有点虚，良好的沟通与理解是建立在理论与实践的桥梁之上的；另一方面原因是管理领域太缺少专攻某一个行业的学者了，如汽车行业、电信行业、医疗行业、物流行业等。因而，当陈方若教授在确定一项关于管理科学实践奖的评选条件时，他强调申请者需阐明如下三点：所研究的实践问题涉及的管理因素是什么？对管理实践的贡献中，所应用的管理科学与工程的主要原理是什么？应用管理科学与工程的相关原理给一个实际的业务或组织带来的影响是什么？

依笔者理解，管理领域的学者若希望给出一种简洁、明快的解释，使得以应

① 具有使命感的研究选题能够帮助学者避免选题过大的陷阱，进一步讨论见 P61《2.3 诱人的陷阱》一文。具有使命感的选题能帮助学者建立起具有活力的学术职业生涯，避免出现学术职业危机，进一步讨论见 P235《6.6 避免学术职业危机》一文。获取具有使命感的研究选题的途径之一，是采用数据驱动的实证研究方法，进一步讨论见 P75《2.5 工欲善其事，必先利其器》一文。

用为导向的学者一听到这些解释尚可服气，或许需要聚焦某一个行业，研究选题不能过于宽泛。笔者请教胡奇英教授如何能够做到聚焦于某一个行业展开研究，他以曾经研究的家电产品销售行业为例，分别从家电产品制造商（Wang et al.，2017）、家电产品销售商（Jin et al.，2015）和售后服务（Chen et al.，2017）三个角度，研究了这个行业的商业运作模式。胡奇英教授言及，判断一位学者是否对该行业有着深刻理解，一种方式是若这位学者认可该行业中一些企业的做法，那么，他就会有信心去持有这些企业的股票。

具有学术背景的人参政，更容易表现出一种强烈的悲天悯人的价值观。邓世名教授作为某省政协代表，虽然不断地建言，然而没有取得预期的效果，但是他认为只要能够在行政领域宣传一些先进的管理科学思想，就是有价值的行为。如果每个管理科学人都能积极地在自己接触的各个领域播下先进思想的种子，总有一天时机成熟，就会在人们心中发芽。他提到一位微博明星政协委员，中南财经政法大学的叶青教授，身为财经领域的教授、省统计局副局长，却天天踩单车上班，多年坚持提出公车改革提案，最终被国家采纳，成为社会反响很大的一项廉政举措。

研究选题应令同行有奇袭感，是自我领悟的产物，还需具有使命感。笔者虽然这么认为，却也常常陷入知易行难的困境。当笔者向陈滨桐教授请教研究选题方面的问题时，他颇有感触地言及，研究的三个境界，第一层次是自娱自乐，自己都不喜欢的研究不要期望别人欣赏，也一定是无价值的工作；第二层次是与人同乐，研究得到同行的认可与欣赏，提高了读者的理念与认识；第三层次是人类受益，研究不仅给学者带来愉悦，而且产生社会与经济福利。比照于陈滨桐教授的思想，笔者又发现自己不仅仅陷于知易行难的困境，在研究选题的境界上也需要提高；笔者将同行的感受而不是自己的感受放在首位，这也是笔者做研究时的不洒脱之处吧！

尽量避免好奇心引发的负面效果

学者多是受好奇心驱使，不满足于知其然，还想知其所以然，才围绕着某个选题开展学术研究；多数学者做研究的初衷也是为了给企业、社会做贡献。然而，出于好奇心、善心的研究成果有可能被他人恶意利用。现在提倡的论文开放式获取及信息透明等原则，在某种意义上帮助了非法盈利者。澳大利亚国立大学的生态和环境研究者 David Lindenmayer 和 Ben Scheele 研究的是一种有着粉红色尾巴、看起来很像蛇的无足蜥蜴（*Aprasia parapulchella*）。按规定，所有生物研究者都需要将在科学调查中发现的物种位置数据上传到一个数据库中。然而他们的数据刚一公布，此前跟他们合作的土地拥有者就发现，有偷猎者开始入侵那些研究数据里记载的地点，用铁锹敲碎岩层寻找蜥蜴。①

笔者曾经把自己的一本书送给一位学术前辈，当他阅读到书中提及的多巴胺成分对人类欲望的影响的分析时，不无担忧地言及，笔者是出于研究需要，较为清晰地描述了相应的影响过程，但是言者无心，而他人有意，或有他人会将这些内容用于谋取不正当利益。

在满足好奇心的研究过程中，如何合理地规避潜在的他人恶意行为，笔者也常思而不得其解。不过，笔者认为，研究选题至少需要从影响相关者利益的小格局走向影响社会政策制定的大格局，而这需要悲天悯人的价值观。来自麦肯锡②的一项调查显示，自然环境、社会问题对企业的商业实践产生了深远影响，这使得公司的高层管理者不得不关注可持续性发展如何影响企业运作的有关问题。

小题大做③

小题大做的条件是研究选题虽然小却涵量大。卢珂博士言及，他的导师常常强调，研究选题应该从小处入手，从小的研究中挖掘出一系列的研究问题，从而以小见大。

可以小题大做的研究选题需要学者明确研究的边界。在研究过程中，学者可能会将一部分精力放在阐述不同条件下的均衡策略的差异上。姜宝军教授常说，他希望看到的研究结论具有这样一些特征：随着某些参数的变化，企业的收益可能是先增加再减少，或先减少再增加；若企业的收益总是随着某些参数

① 改写自：偷猎者在认真读论文！难道要考研？其实是为了抄科学家的近路！http：//mini.eastday.com/a/170602041612221.html[2017-06-24].

② Sustainability’ strategic worth：McKinsey global survery results. http：//www.mckinsey.com/business-functions/sustainability-and-resource-productivity/our-insights/sustainabilitys-strategic-worth-mckinsey-global-survey-results[2016-11-17].

③ 选题的小题大做的特征的对立面是选题过大，进一步讨论见 P61《2.3 诱人的陷阱》一文。能够小题大做的论文，有助于论文作者由简及繁地表达学术思想，进一步讨论见 P99《3.3 由繁及简的理念》一文。

的变化一直增加或减少，那么，研究结论可能就不具有太高的学术价值。然而，董灵秀教授提及，当学者把这些“有时候是黑的，有时候是白的”类似的结论讲给工业界人士的时候，他们可能会被学者的表述搞糊涂，为何一会儿是黑？一会儿又是白呢？

对一个研究选题小题大做，可以帮助自己积累不同的研究经验。杨振宁教授回忆，常常有学生问他，将要得到博士学位，或者正在做头两年的博士后，应该做什么样的题目，是大选题还是小选题。这个问题很重要，而且杨振宁教授在当研究生的时候，也问过费米①。费米很明确地回答，大选题、小选题都可以想、可以做，不过多半的时候应该做小选题，如果一个人专门做大选题的话，成功的可能性可能很小，而得精神病的可能性很大；做了很多小选题以后有一个好处，即可以从各种选题里汲取经验，那么，有一天他把这些经验积在一起，常常可以解决一些本来不能解决的问题。这一点，杨振宁教授自己就有很深的感受。②

依笔者的体会，管理类的研究工作，学以致用是永恒的真理，学术研究领域不论有多么高入云端，都应该或多或少能在现实生活中找到它的影子，发现其可用和当用之处。很多时候，学者需要的仅仅是走出象牙塔，回归实践，回归生活，把自己的学术变成大众能够理解的东西，进而影响更多人。唐讴教授点评道，对自然科学领域的研究工作的判断标准或不同于管理类的研究工作。

① 恩利克·费米（Enrico Fermi，1901 年 9 月—1954 年 11 月），美籍意大利著名物理学家、美国芝加哥大学物理学教授，1938 年物理诺贝尔奖得主。

② 杨振宁. 我的治学经历与体会. 新浪网，http://news.sina.com.cn/o/2004-09-28/15453791792s.shtml[2017-11-15].

2.2 为有源头活水来

刘烨教授："在做科研论文的过程中，常困扰于既要研究结果出其不意，不在人们所预想的范围内，又要让研究结果具有一定的普适性。这在一定范围内是矛盾的。"

嬴豫："过于出其不意的结果，可能不具有普适性；而对于具有普适性的结果，人们之所以会感觉出其不意，可能是因为以往的认识存在局限性。"

刘烨教授："对一个问题的解释，可能会有很多角度，其中从某一些角度给出的解释会令人有出其不意的感觉。而从看似直观的角度给出的解释虽然不能够让人有出其不意的感觉，但是看似直观的角度对问题的解释力度会更强。论文是否能够被发表，多是从其新奇性求出位，这已经背离了探寻问题本质的初衷。"

豁然开朗[①]（朱颖弢）

① 临摹于丰子恺画作《豁然开朗》。

花径不曾缘客扫，蓬门今始为君开。

——（唐）杜甫：《客至》

学者的研究工作能否获得他人的赞许，并不完全依赖于研究过程是否严谨、全面，更多是取决于研究选题是否重要。如果所进行的研究选题是次重要的，即使这位学者用尽毕生学术修为，完成一个论证严谨、全面的研究过程，他的研究结论最多也只能博得同行的同情而不是赞许。[①]

纯粹依笔者体会，获得选题有如下几种渠道。

工业界人士关心的选题[②]

实践是一座学术研究的金矿，绝不能坐在金矿上挖煤。科斯倡导研究真实世界，从现实找问题，不要光盯着黑板和书本。有人问科斯[③]：“您是如何找问题的？”科斯在报纸上随便画了一个圈：“到处都是好问题。”对于学者而言，虽然有精力博览群书，却有可能因缺乏实践体悟，导致纸上得来终觉浅，因而想知此事还需躬行。

管理领域的 Javad Nasiry 教授分享了他的研究体会：管理学是一门应用科学，研究想法就应该来自实践，只不过产生研究想法的过程会比较繁杂无序和没有什么章法可依。他认为自己的研究还需改善之处也在于此，需要加强对实践的理解，方能发现更有趣的研究话题，写出更有价值的研究论文。

从实践中选题，为工业界提供咨询服务，不仅仅是为获得一些金钱方面的资助，也不只是为解决一个实际的问题，更重要的是，将这一个实际问题抽象出来，

① 关于如何评价研究工作的更多讨论，可以参考 Renyu Zhang.2016.On the operations job market：reflections and insights. http：//www.nyu.edu/projects/rzhang/Reflection_OM_Job_Market_Philip_Zhang.pdf[2017-05-01].

② 选题是工业界人士关心的对立面是选题脱离实践，进一步讨论见 P61《2.3 诱人的陷阱》一文。选题是工业界人士关心的，可能会令报告具有趣味性，进一步讨论见 P117《3.5 做学术报告》一文。

③ 罗纳德·哈里·科斯（Ronald H. Coase，1910 年 12 月—2013 年 9 月），出生于英国伦敦。他是新制度经济学的鼻祖，芝加哥经济学派代表人物之一，1991 年获得诺贝尔经济学奖。

并把这些抽象出来的概念之间的联系挖掘出来。这样的话，一举两得，既为企业提供服务，也没有浪费宝贵的科研机会和精力。所以，研究选题来自实践，研究目标也要服务于实践。

与工业界接触的学者不是躺在一堆堆论文上，蜻蜓点水般地与工业界擦身而过，挥一挥衣袖，只带走只言片语，而是要去试图与工业界的人士同呼吸、共命运，了解工业界人士关心的选题，方有可能留下有用的东西。

笔者请教陈新教授，是如何让工业界人士接受他的研究观点和相应建议的？陈新教授回应道："到工业界去，首先，不是考虑要教工业界人士那些高深的理论，而是要放下身段，以谦卑的心态向工业界人士学习，了解他们的思维习惯和语言方式；之后，才有机会在工业界发现有趣的研究选题。"笔者从陈新教授身上学到了与工业界人士同呼吸、共命运的探究精神，当笔者再去访问企业时，若条件允许，笔者总是要求与接待人员到企业的员工餐厅用午餐，这令笔者有机会深入感受这家公司的企业文化与员工的精神面貌。

笔者的研究领域为运作管理，涉及精益管理的相关内容，并且数年里笔者也为学生讲授了相关课程。这么想来，笔者应该是对精益管理的理解比较深刻了。笔者曾到某汽车制造公司访问，在与企业界人士交流的过程中，笔者被他们所提出的一个又一个关于精益管理思想在实施过程中的挑战与困惑所吸引，却也无法即刻为他们解惑。这样的经历令笔者反思，日日所做的研究选题和思考，是工业界人士也关注的，还是只是自娱自乐？类似的苦涩，笔者经历过很多次，在随后的岁月里，每当笔者要确定一个研究选题时，都会先进行调研工作。

目标明确的调研孕育好选题

进入调研阶段的学者有一个大的、没有什么中心的选题。学者去探索这个选题涉及的所有材料，在探索过程能够让自己清楚，该选题到底是不是值得去做？如果确实值得一做，又该如何做？

在探索过程中，不能只通过了解选题所涉及的各个构成部分来认识选题的整体特征。学者可能看不清楚该选题究竟长得什么样，只能在黑暗中摸索，再把凭着感觉得到的一个个信息拼凑起来。

对于同一个选题，每位学者探索的路径各有差异，每位学者可能都认为自己所得到的信息是对的，因为他们都对选题的某一部分有着真切的感觉……摸到选题“耳朵”的学者可能会说：“选题是一个很大、很粗糙的东西，就像一块厚地毯。”摸到选题“鼻子”的学者可能会说：“选题就像一条笔直的、中空的管子。”每一位学者都真切地感知到选题的一部分，但是他们的理解都是片面的。

把对选题的片面理解转化为系统理解，非得要有把选题吃透的能力。吃透，是指学者知道“一加一等于二”，并不意味着只要知道“一”就能理解“二”；要想理解“二”，还需要领悟两个“一”之间的关系。

对此，笔者深有体会，曾经做过一个选题，用尽了各种数理分析方法也没有得出有价值的研究结论。偶然看到一篇文章，作者所研究的选题与笔者的类似，所构造的目标函数也与笔者的类似，唯一不同的是，作者在求解目标函数时，增加了一个约束条件，使得研究结论的解释力度加强了。要问增加这个条件约束的实际背景，作者在论文的引言部分给出了非常多的来自实践中的观察，并探析出这些观察之间的彼此关系，从而提出需要增加一个约束条件。正是由于约束条件的引入，方能给出具有更强解释力度的研究结论。这就是笔者与资深学术大家的差距吧！

不过，也要当心，勿把调研工作做过了头。到了某个阶段，就必须适可而止，不要试图成为这个话题的顶级专家。不同于工业界人士，学者在深入观察管理现象之后，会暂时从实践中撤离出来，避免“只缘身在此山中”而“不识庐山真面目”，从而使自己能够对观察的现象独立地进行理论思考。笔者喜欢调研，常常会在进入一个研究选题之前，把调研工作做过了头，或许是想展示出自己是多么好的一位学者，学到了很多东西；也或许只是因为在整个调研过程中感觉愉快。到了交稿日期，再回顾自己所能用的、跟研究目的合拍的素材，才发现之前自己并没有真正地了解这些素材的目的、意图及与其自己研究工作的关系。

纯粹是依笔者的经历，学术研究的调研工作，会因为对实际问题的深度吃不透而做不到位，也会因为对实际问题的广度把握不妥而做过了头，这真是一种苦涩的体会。

源于自我兴趣[①]

孔子曰："知之者不如好之者，好之者不如乐之者。"孔子又言："我非生而知之者，好古，敏以求之者也。"可见孔子反对"天才论"，强调要热爱学问，敏于追求知识。

热爱学术的学者首先要具有发自内心的兴趣。只有对某个问题感兴趣，才能引发思考，有思考，才能捕捉到其中的奥妙。被称为"分手情歌小天后"的泰勒·斯威夫特[②]曾多次把失恋心情写成歌曲，譬如 *Dear John* 疑似献给约翰·梅尔[③]、*We are Never Ever Getting Back Together* 疑似写给杰克·吉伦哈尔[④]等。依笔者体会，泰勒·斯威夫特对每一段恋情都有着深刻体会，所以才能把抽象的情感以有形的歌词呈现出来。

多年来，笔者一直坚持写学术论文，不曾经历所谓的没有兴趣、写不出学术论文的低谷时期。这么一说，听上去好像自诩才华横溢，其实并不是这样的。道理非常简单，因为笔者在没有兴趣写学术论文，或者想写论文的激情没有喷涌而出之时，就根本不写。只有在想写的时候，才会提笔开工。不然，大体就是阅读商业新闻、心理学和社会学领域的最新研究文献，并做相应的笔记；或是协助所指导的学生完成他们感兴趣的研究选题；或是主动联系在工业界工作的同学、朋友，去拜访他们，聊一些在学术界和工业界工作的感悟。

来自阅读学术文献产生的灵感之中[⑤]

通过阅读和聆听其他学者的研究工作，可以跟上其他学者的脚步，汲取他们的思想，促进自己的研究，以期在该领域发表的成果中再添上一笔。

实践中，学者多是在无法直接观察工业界或做实验的情况下，才会借助于阅

① 自己对相关研究选题有兴趣的原因是自己对此充满了好奇心，进一步讨论见 P135《4.2 持好奇心》一文。基于自我兴趣方觉得下笔不难，进一步讨论见 P85《3.1 下笔不难》一文。

② 泰勒·斯威夫特（Taylor Swift，1989 年 12 月— ），出生于美国宾夕法尼亚州，流行音乐、乡村音乐创作型女歌手，音乐制作人、演员、慈善家。

③ 约翰·梅尔（John Mayer，1977 年 10 月— ），生于美国康涅狄格州，创作歌手、作曲家、吉他演奏家、专栏作家。

④ 杰克·吉伦哈尔（Jake Gyllenhaal，1980 年 12 月— ），生于美国加利福尼亚州洛杉矶，演员、制片人。

⑤ 关于通过阅读文献获取研究选题的进一步讨论见 P67《2.4 登泰山而小天下》一文。

读同行的研究论文，或聆听同行的学术报告的方式，寻找研究选题。对于某些学者而言，受限于接触现实问题的渠道及对现实问题的领悟力，因而也不得不采用上述方式。

在阅读文献特别是阅读经典文献的基础上形成研究问题，可能会存在“炒冷饭”之嫌。一个被同行们研究了几十年的老话题，学者若也选择上手做该研究选题，若保持该选题大的理论框架不动，只是变化一些不是那么重要的研究假设，研究选题从文献中来，研究目标又回到文献中去，整个研究过程与实践严重脱节，预期的研究成果只会有边际贡献。还有一种情况是，虽然研究选题是来自实践，但是研究成果却回到文献中去了。胡奇英教授言及，在运作管理研究领域，一些研究选题来自实践，但从实践中产生之后，随后的研究进展会在某种程度、某些方面按照该理论研究者的理解发展，并未过多地考虑如何把预期研究成功运用到实践中。

来自阅读大众书籍带来的感悟之中

如果学者正在做的是一个全新的或不同学科交叉的选题，可能会发现，直接阅读该选题领域内的专业型论文，需要提前储备大量的背景知识，并且阅读起来也非常吃力，此时学者就可以从面向大众的书籍着手了。罗俊教授提及，他的导师总有源源不断的研究选题，他与导师最近开展的一项研究工作就是通过阅读商业畅销书《爆发》（艾伯特-拉斯洛·巴拉巴西，2012）而体悟出来的。事实上，一些面向大众的书籍多是学者以学术性研究工作为基础写就的。

当然，这些面向大众的书籍中，可能会有各种纰漏与错误，如果学者是在做一份高水平的研究工作，就必须要检查和确认所有重要引文、事实和数据的准确性。

来自聆听学术会议的报告之中[①]

若要获取最新的研究信息，可以参加所在领域的学术会议。一般而言，论文作者一般只拥有较短时间来描述自己的研究，因而作者需要省略研究方法的一些

① 关于聆听学术报告并主动发问的进一步讨论见 P191《5.4 学术交流》一文。

细节，而重在传递研究选题和研究方法的思想。相对于阅读学术期刊或大众图书，聆听学术报告所获得的研究选题具有的最显著特点是选题来自地道的研究前沿，因为报告的发现也许在未来很多个月甚至几年里都不会正式刊出。

不过，不同类型的学者参加学术会议获得研究选题的可能性存在差异。学者最好能自我意识到，在解读信息时，自己是属于阅读型、倾听型、写作型还是讲话型的。阅读型学者是通过阅读他人的学术论文，掌握他人的研究思想。倾听型学者是通过听取他人的学术报告，掌握他人的研究思想。写作型学者不是通过倾听和阅读来获取信息，而是通过写作来获取研究信息。讲话型学者是通过说话来获取信息，这类学者只需要有人听他讲话，这就是其获取信息的方式。

陈新教授说到，去参加学术会议前，想着不读论文了，到会场听；到了会场，想着不听报告了，回去读论文……而洪流教授提及，在论文写作过程中，会把自己的好奇心讲出来给合作者听。在讲的过程中，自己会越讲越兴奋，不断地提升对这个问题的自我领悟力。有时候，合作者都不知道自己在说什么。若没有合作者在旁边，洪流教授会把那些一闪而过的想法记下来，回头再看时，常常惊叹自己曾经有过这样一种想法。依笔者推测，陈新教授大概是写作型学者，洪流教授大概是写作型与讲话型并举的学者。

一位学者的人生有限，阅读文献与书籍可以增加自己的经验，了解同行的学术研究状况，让自己站在巨人的肩膀上眺望所在的研究领域。随着对实践体悟的增强，学者慢慢地会意识到，如果不了解实践，是无法读懂文献的。阅读与实践的互动关系大概就是用实践所感去读文献，用读文献所得去体会实践，就这么让自己温柔地成长，逐渐读透实践、悟透理论。

2.3 诱人的陷阱

嬴豫："上海交通大学的校长张杰[①]教授在一次乘飞机出机场站时，看到一群年轻人举着一些制作精美的名牌，上面写着他的名字，感叹科学家的社会地位终于提高了。结果发现这些年轻人是在欢迎谢娜的老公——歌手张杰[②]。于是，只能自嘲地蹭拍了一张照片，默默地打车走了。"

谭寅亮教授："有时候我真的觉得流行歌星的影响力远远超过99.9%的学者。"

朱阳教授@谭寅亮教授："可以直接把'有时候我真的觉得'去掉。"

陈蓉教授@谭寅亮教授："能够赢得千万人的喜欢也是不容易啊，音乐直击人心。"

胡奇英教授："高处不胜寒，就是这意思。"

谭寅亮教授@陈蓉教授："曾经看过一个歌星的演唱会，当这位歌星出场时歌迷都哭了。我想想自己讲课只能把学生讲得睡着了。"

---

① 张杰（1958年1月— ），山西太原人，曾任上海交通大学校长。现任中国共产党第十八届中央委员会候补委员，中国科学院副院长、中国科学院院士，中国科学院大学党委书记（兼）。

② 张杰（1982年12月— ），四川成都人，流行歌手。

寸步难行

物格而后知至，知至而后意诚。

——《礼记·大学》

学术研究不是符号，不是公式，没有密码。学术研究是身边的学问，让人学会去观察生活，解释生活。

选题过大①

笔者刚刚开始研究生涯时，常常喜欢问一些宏大的问题，生怕问题小了，令他人感到自己的研究选题微不足道。艺术家的画作能够很好地反映文化差异，东方艺术家的画作更多表现的是山水，讲究传递意境；西方艺术的画作更多表现的是人物，追求具体场景。随着研究经验的积累，才慢慢地发现，原来学者可以去研究一些非常小的选题。

过大的选题无法体现出学者的研究功力。之所以要将大而无当的问题转化为真正可以研究的问题，是因为不可能在一个研究中给如此大的选题提供答案，必须分解大选题，直到对选题中涉及的概念和机理能够准确地进行定义和分析。这好比厨师之间比赛厨艺，一定要选做宫保鸡丁、鱼香肉丝等家常菜才能彰显出厨师的厨艺水平，而不是去做火锅、大炖菜等；况且，八大菜系里也没有火锅、大炖菜这些菜。“胡子眉毛一起抓”导致的结果是，很难对学者所做的研究工作进行分辨。

过大的选题无法体现出学者的研究修为。钱穆曾说，研究历史的人要先精通某一断代史，然后看通史；在这个基础上重新认识某一阶段的历史，然后挑另一个断代，下大力气研究，回过头来再去看通史，一段一段地延续发展，最终才能融会贯通，浑然一体。这个道理也适用于对某一学科的学习与研究，管理研究领域的陈方若教授叹息，其所在的研究领域非常缺乏对某个行业了如指掌的学者，

① 选题过大的对立面是以小见大，关于以小见大的进一步讨论见 P99《3.3 由繁及简的理念》一文。选题过大可能无法体现出学者的使命感，关于选题使命感的进一步讨论见 P45《2.1 问渠那得清如许》一文。

这样的学者能够以一生的精力潜心理解、体会这个行业，并据此总结出有价值的研究选题。依笔者的体会，陈方若教授提及的懂得某一个行业的学者恰如钱穆所提及的精通某一个断代史的学者，学术研究可能需要学者在深刻领悟的基础上，再展开广博的思考，而非基于广博的思考，再去做深刻的领悟。

误将研究方法当作目标[①]

笔者所在的管理研究领域，一些学者常常借助高超的数学和宽泛的概念来研究晦涩的选题，试图营造出一种具有巨大科学实力的幻象。然而，当用这些研究方法去解释现实中的问题时，却常常显得苍白无力，总有牵强附会之嫌。

研究方法只是研究过程中的工具而不是研究的目标。一位学者穷其一生，也不可能掌握所有的研究方法。小提琴大家伊扎克·帕尔曼[②]说，演奏小提琴需要很多复杂的演奏技能，普通人从 5 岁开始学琴，要想掌握全部小提琴技能，得学到 95 岁，还有时间学音乐吗？不过，笔者也不否认，有一些研究确实是以发展研究方法论为目的；笔者想把这里的讨论限定在以解决、解释现实问题为导向的一类研究领域中。

在研究过程中，学者要做的事情是，通过观察研究背景来加深对事物的理解，通过“把自己的手弄脏”这样一边做事情一边学习的方式，完成对某个研究选题的研究工作，并掌握所采用的研究方法。若一种研究方法不能得出可解释的问题结果时，就需要修正甚至摒弃这种研究方法，这样才不会导致研究方法学得越多，研究思路却越僵化。

脱离实践[③]

在学术界，即便是学术大家也常常反思所做的研究是否脱离了实践。在一次

① 误将研究方法当作目标不是不强调研究方法训练的重要性，而是提醒学者勿将研究方法的学习与掌握视为研究的终极目标。关于研究方法重要性的进一步讨论见 P27《1.4 令教授喜欢的学生》一文。

② 伊扎克·帕尔曼（Itzak Perlman，1945 年— ），以色列人，小提琴家。

③ 研究选题脱离实践的对立面，一是研究选题具有使命感，进一步讨论见 P45《2.1 问渠那得清如许》一文；二是研究选题可能不是工业界人士关心的，进一步讨论见 P53《2.2 为有源头活水来》一文。研究选题脱离实践的表现形式之一是理论研究方法中的假设可能脱离实践，进一步讨论见 P75《2.5 工欲善其事，必先利其器》一文。

学术会议上，笔者听多位学术大家自嘲道：曾经做过复杂而无大用处的理论模型，却又自以为是地感觉良好；在处理实际数据和问题的过程中，常常身处“老鼠拉龟，无从下口”的困境，却无知无畏地给出各种研究假设；在了解和获得与实践问题相关数据的过程中，常常到处“求神拜佛”。

依笔者之见，学者身处研究脱离实践的困境，有如下三个原因。

第一，学术研究更新较慢。学者主要通过在学术期刊上发表论文及参加学术会议分享和交流研究成果。以笔者所在的研究领域为例，一篇学术论文通常要经过 1—3 年的审稿周期，才能见刊。但数据驱动的时代带来了新变化，数据更新速度不断加快，人工智能技术也在不断变化，各类有趣的问题层出不穷，时间过长的审稿周期与新常态问题的更新速度不相匹配，导致了一些问题的出现。

第二，开展基于实践的研究较困难。学者在开展研究的过程中，势必需要对一些参数作出基本假定，但是一方面，学者或是缺乏工程能力，难以准确估计这些参数；或是这些参数本身就无法被估计，譬如，经济学领域，奈特氏不确定性就是指一些无法被衡量、不能被计算或然率的风险。另一方面，企业虽然拥有财务报表的相关信息，但这些信息通常以数字的形式体现，对于有关决策层面的或产品层面的信息，较难直接表达出来。想到这一点的苟清龙教授评论道：因为科研过程建立的模型参数很难估计，这导致做出的研究成果缺乏实际意义。

第三，研究结论在实际执行中困难。很多学者的研究多注重理论，与工业的结合不紧密，企业对理论研究重要性的认识普遍薄弱。从事运作与运筹研究的葛冬冬教授言及，运筹学的工业应用，特别是在一些新生的商务企业里，近乎荒地，相对空白（葛冬冬，2017）。好不容易得到了优化后的决策和战略，企业却不想用或者不适用，理论策略难以落地。同时，在运用过程中也会有各种各样的困难，需要企业内外的相互协调与配合。

追逐热点[①]

学者面对职称晋升的压力，可能会不得不选择热点研究选题，避免从事那些自己感兴趣却较难发表论文的研究选题。

陈建清教授言及，研究选题需要和社会需求结合在一起，这会让研究选题一

① 研究选题追逐热点的对立面是连贯性研究选题保障自我，进一步讨论见 P167《5.1 具有研究特色》一文。

方面表现为“追逐”热点，另一方面又表现为“远离”热点。研究选题“追逐”热点的前提是，对该社会现象的本质有着深入理解，确认是否存在有价值的研究选题。学者依据自身的研究特长和发自内心的研究兴趣去做判断，若认为有研究价值，则追逐热点；反之，则远离热点。

不能专注于某个选题的学者常常是在自己的道路上走得不够远，刚走几步，就不放心起来，东看看西瞅瞅其他学者正在做什么热点选题。在这种情况下，研究的步伐就会变得既十分迟疑，又跳来跳去。这就好比在一个漆黑的深夜，你走在街上，看到一个人专注地趴在路灯下找东西。你停下来问他：“你在干什么？”他说：“我在找钥匙，钥匙丢了，没法回家。”你问：“你怎么确认你的钥匙就掉在这里了呢？”他答道：“我不知道，只有这里有光亮，我不在这里找，到哪里去找呢？”这个路灯代表一个科研的热点、方法或者数据，灯光打到哪里，学者与资本就会一拥而上。然而，学术中真正的钥匙可能并不在灯光所照射之处。

笔者曾亲眼见过一些学者，总是紧跟热点选题。虽然当时笔者觉得这些学者的研究工作别出心裁，让人叹为观止，但不知何时这位学者便踪影全无了，只有机缘巧合笔者才会偶然想起：“对啦，说起来，还有过那样一位学者呢！”出现这样结果的原因，一方面是这种学者可能缺乏持续力和自我革新力；另一方面所谓的热点选题可能只具备研究的热度而缺乏一些研究的深度。

追逐热点而不是追随内心的选题所带来的研究，如果能够产生好的科学成果也无可厚非。不幸的是，多数情况下，追逐热点产生的研究往往是粗劣的，通常没有经过仔细的思考，只是为了容易发表文章，这经常会导致产生低质量的研究成果。

研究的选题究竟有没有套路？希望不存在什么套路，有套路就一定有破绽。胡奇英教授说，学术领域和武林江湖是一样的，在学术领域中，学者以不变应万变，避免身陷套路；就如在武林江湖中，武林高手应采用无招胜有招，这也就有了风清扬对于沉迷于套路武学的令狐冲的“当头棒喝”。对于刚进入学术领域的人来说，读到此处可能会迷糊；因而对于初入门者需要的或许是先学套路，套路学多了，掌握得多一些，实际应用的时候，慢慢地就可以随心所欲，该用哪个就用那个，最终就变得没套路了。

学者的成长可能就是这种从无知到有知再到无知的螺旋式上升过程吧！

2.4　登泰山而小天下

佛印[①]禅师教苏东坡[②]坐禅，苏东坡很高兴地穿起大袍，坐在佛印禅师的对面。两个人对坐了一会儿，苏东坡头脑一转，问佛印禅师道：

"你看我坐着，像个什么？"

"像一尊佛！"佛印禅师心平气和地答道。

苏东坡听了这句话，心里觉得很甜！当苏东坡感到得意的时候，佛印禅师又反问苏东坡道：

"你看我像什么？"

苏东坡看佛印禅师穿着大袍，婆娑于地，这一下给他抓到机会了，他连讥带讽地答道：

"像一堆牛粪。"

苏东坡答后，偷看佛印禅师一下，看他有什么反应，只见佛印禅师眼观鼻、鼻观心地默然端坐着。

---

① 佛印（1032—1098年），宋代云门宗僧，法号了元，字觉老。

② 苏东坡（1037年1月8日—1101年8月24日），眉州眉山（今属四川省眉山市）人，祖籍河北栾城，北宋著名文学家、书法家、画家。

眼中的彼此（朱颖弢）

君子生非异也，善假于物也。

——《荀子》

在学术研究中，学者不去读文献，就好像鸟儿要飞行却没有一双翅膀。学者不会读文献，就像鸟儿在飞行过程中没有调整好一双翅膀扇动的规律性。在指导学生方面具有丰富经验的宋京生教授感叹道："学生最缺乏的学术能力之一是不会读文献，这导致所写的文献综述不能准确地反映出现有的研究进展；学生最缺乏的学术能力之二是不会写所得出的研究结论。"依笔者想来，这两种学术能力互为牵制，若学者不具备准确地表达他人的研究成果的能力，就不太可能找到已有文献中的研究空隙，自然也不太可能准确地论述自己的研究结论和研究贡献。

精读经典文献

所有见刊的论文都是学者拿着镐在金矿中挖啊挖，好不容易找到一些金子而写出来的。经过一番风吹雨打，所挖出的金子，一些成为真正的"金子"，还有一些金子可能是"沙子"。原因如下：一方面，真正的"金子"难挖到，并且被挖出来后，也很难在当下被识别；另一方面，又不能让挖到可能是"沙子"的学者无法生存下去，所以结果就是"沙子"也可能被发表。

经典文献是真正的"金子"。所精读的文献必须能引发学者的思考，启迪出潜在的研究问题，方能达到精读的目的。这好比电影艺术给听众带来的观影体验，优秀导演的作品能够令听众自动地在脑海中勾勒出一种叙事逻辑和情节推进的框架，框架之中留白的地方，导演会任由听众依据自己的体会进行填充。

精读文献能够帮助学者轻而易举地立足于过往，再从这个点出发进行分析。学术界的总体状况是先行者确立研究方向，跟随者紧跟其后。先行者确立研究方向的开山之作，这些开山之作的他引量常常非常高，跟随者可根据所研究领域中论文的他引量，大概判定他引量非常高的文献就是所研究领域的主树干，领悟了主树干，就可以抓住紧跟其后的枝叶了。随着不断地遭受风吹雨打，理当消失的枝叶都已然消失了，学者可以单单挑出犹存于世的主树干来，放手评价。胡奇英教授感慨道，一些资深教授是年轻时作为先行者开拓出了一片新的研究领域，之后跟随者多了，自己也变成了资深教授。

笔者的一些学生在论文写作过程中喜欢用“据我们所知，目前还没有……”这样的语句，每次看到这样的话，笔者都要反问道：“太阳底下没有那么多新鲜事，查清楚经典的文献了吗？”这个时候，学生多半会一低头，说：“差不多吧！”这么一句“差不多”就等于为自己挖了一个坑，若审稿人恰好是该方面的专家，论文的命运也就悬了。譬如，声称做关于顾客战略行为研究的学者，却没有引用 Su 和 Zhang（2008）的文献；声称做关于产品线设计的研究，却没有引用 Moorthy（1984）的文献；声称做多期库存和定价联合决策的研究，却没有引用 Federgruen 和 Heching（1999）及 Petruzzi 和 Dada（1999）的文献，那么，审稿人就可能强烈怀疑这位学者连最基本的功课都没有做好。这么说来，已有的参考文献浩瀚无穷，笔者并不认为参考文献引用不全是个大问题，而是认为没有引用经典的参考文献是个大问题。

笔者在最初练习精读文献时，常遇到没有学过的概念、方法，而被困在某处。怎么办？只能跳着读过去。渐渐地，笔者理解了论文的主旨，抓住了它最重要的、独具特色的要点之后，自然会解决一些局部问题。这好比一个人走路时用不着等路上的小石头都捡完了再走，而是可以跳过去、绕过去、爬过去。

但是，在精读文献时，若总是跳过详细认真阅读的步骤，直接开始做自认为清楚的部分，的确可以节省时间，但结果却是得不偿失。因此，精读文献时，对于关键的假设、研究过程与结论要一字不漏地阅读，要把大量时间花费在阅读中，而不是做额外的信息收集，譬如，询问导师、同门，或者直接问作者。

精读文献过程中的苦涩体会给笔者带来的启迪是：在精读的初期，可以大胆地忽视一些细节性的数学符号，只记下关键性的权衡因素、主要假设和结论，这比记住关键词的内涵，被作者绕来绕去，要更有帮助。随着研究的深入，待有需要时，再探究某篇论文中的细节也不晚。不过，在此过程中，笔者常觉得自己像是在茫茫大海中漂泊的一叶扁舟，不清楚航行的方向所在，这导致自己虽然很辛苦地阅读了大量文献，却收获甚微。坏消息是没有确定的办法可以回避这样的时刻，好消息是大多数学者都要经历它们，而这些坎通常会过去。

读文献需要将精读与泛读相结合。所谓精读，是指推敲主要细节的细致阅读，泛读是指抛弃细枝末节的快速阅读。曾国藩[①]将精读与泛读相结合的阅读方法比作“熬肉法”，先博览群书，掌握大量基本知识，这就是“急火攻”；而后对专门问题用特殊的方法细致地处理，这就是“慢火温”。

泛读最新文献

从学术期刊编辑的视角看，若所发表文章的参考文献没有最新文献，或许会伤害到学术期刊所要体现出的学术前沿性精神。

从作者的视角看，引用最新文献可以反映出作者对相关工作比较了解，已经比较了所做的研究工作和已有的最新研究工作的差异，能够客观地抓住最新文件中的空隙，让这个空隙成为自己研究中的立足点，而这个立足点可以是将最新研究再向前推进的话题，可以是两个不同的但是有联系的话题间的桥梁，也可以是两个对立话题的融合点。因此，引用最新文献能让同行意识到有待解决的问题，意识到不同小领域之间的相通之处，意识到现有认识的不完美。

学者如何才能在最新文献中发现空隙呢？非得学者具有丰富的研究经历和扎实的学术功底不可，唯有如此，才能从容地审读最新文献，发现有价值的空隙。刘乐行同学说，能够发现空隙的学者好比球场上经验丰富的运动员，他们不仅可以从容地跑步到位而身体姿态不发生变形，还有较多时间思考如何将球回击到对方防守的空档区域，从而能够赢得一个球。

听与讨论文献

在多数学校，学者还是需要花费时间阅读文献，但是在顶级的学校，同行之间的交流密集，学者可以通过听最前沿的学术报告，来部分代替对最新文献的阅读。

笔者曾经在圣路易斯华盛顿大学奥林商学院访问，其中，学术讨论会分为两类：一类是邀请外校的教授讲学；另一类是系里老师或博士生汇报最近的研究工作。后一类就是俗称的“黄包餐”，既然是“包”，就要装点什么东西吧，对了，是要装点吃的。因为每位教授的时间都非常宝贵，为了充分利用时间，系里老师

① 曾国藩（1811 年 11 月—1872 年 3 月），湖南长沙人，政治家、战略家、理学家、文学家，湘军的创立者和统帅。

或博士生的学术汇报工作，多是会放在中午 12：00 左右开始，讲究一点的、资金充沛的系，秘书会提前给所有参会人发信息，问要吃什么，以便在订快餐和饮料时尽量满足参会人的个性化需求。笔者觉得，各类点心准备得是否美味可口，意不在于点心，而在于传达该学术系统足够重视学术活动，并提供财力、物力的支持，从而能使得学者专心地倾听与讨论。

在梳理文献研究结论的过程中，还可以通过和他人共同讨论某一篇经典文献而获得不同观点。很多面向博士生的讨论课，多是任课老师列出某个话题的一系列经典和最新文献，或是由任课老师主讲而学生听，或是由学生主讲而任课老师点评，目的都是针对某一篇论文进行深入交流，分析从不同学者角度思考得到的差异性观点。

主动与文献互动①

写文献综述时多强调他人的贡献，读文献则不同于写文献综述，主要是从批判的角度，思考类似的问题如何能够被解决得更好。

当与文献交互时，就如同与文献作者一起坐而论道。笔者个人的体会是，在清晨、傍晚，捧清茶一杯，带着批判的眼光，一边阅读，一边友好而切中要点地询问，想象他或她怎么回答，然后继续追问，这才真是人生的最大乐事。

阅读过程中，如果看到某段内容非常有意思，赶紧用自己的语言复述并且记录下来；如果对某些观点存疑，也要赶紧记录下自己的疑惑；如果某些观点给自己带来了启迪，还要赶紧记录下自己刹那间的感受。

谈及看待他人研究成果的心态，胡奇英教授感叹道，年轻的时候，总是在意去评价这篇文章哪里写得好，哪里写得不好，总是要评价他人的好与不好。随着岁月的磨炼，他意识到把主要精力放在评判他人的工作上可能是不对的，更多的是要去考虑他人能够给自己带来的启迪，即便他人的观点是错误的。依笔者的体会，具备启迪性思考的人方能谦虚谨慎吧！

不过，读文献时勤记笔记是具备启迪性思维的第一步，也是基础功。在互动性阅读与做笔记过程中，需要思考：第一，在文献中，对一个问题解释的是原因 *A*，而自己是否能给出原因 *B*。第二，当用于支持该主张的文献方面的证据很弱时，

---

① 主动与文献互动，有助于学者对研究选题产生灵感，进一步讨论见 P53《2.2 为有源头活水来》一文。

自己是否能提供更强的证据。这可以表达为，文献推断 X 可能是正确的，但自己给出的理论显示它是绝对正确的；或文献只是假设了 X 有正确的可能性，但是自己可以证明它。这是因为有时候一种管理现象可以用好几个理论来解释，这些理论之间存在互补性，有可能都是对的，当然也会存在一个理论的解释力度会比另外一个理论的解释力度大一些的现象。这样的阅读笔记一篇篇做下来，就成为自己的专有知识库，也会影响自己研究工作的高度和深度。

笔者在指导学生的岁月里，曾想当然地认为学生与自己是一起快乐地畅游在知识的海洋中。然而蔡瑾玲同学提醒：当老师从知识的海洋中上岸后，或发现一些学生还在海洋里，有的可能快淹死了，这时老师需要再游回去，将那些学生一个个地捞上岸。这令笔者思考：在师生一起畅游之时如何保证学生不掉队？笔者的应对之策是：一是希望学生无论是读完了一篇论文，或是听完了一场学术报告，都做一个详细的笔记，不仅记录下他人的主要研究观点，还要结合自己正在从事的研究工作，作出评述；也就是说，借助于笔记，把零碎的思考串联起来，方可做到他山之石，可以攻玉；二是在与学生每周一次的讨论会上，邀请一些学生分享、交流近期的所思、所想，保证在每次畅游知识海洋的时候没有学生掉队，也可逐渐培养学生独自畅游的能力。

当笔者与胡奇英教授谈及上述做法时，他解读道，在知识的海洋里，若学生喝得下去海洋中的水，也就不会淹死。如果喝了却不消化，也不会撑死，因为没消化就是酒肉穿肠过，也就是说，读了文献，却看过就忘，根本没记住什么；若没消化却非要去用，塞到身体哪个地方去，就会令学生陷入死搬硬套、食古不化的困境中。

准确地引用文献①

不同学科研究领域中的理论越来越多，而学术期刊所允许的文章篇幅有限。在这种情况下，作者常常需要决定引用哪些文献、不引用哪些文献。一类引用的倾向是，引用发表在等级较高的学术期刊上的文献，即便文中所讨论的问题与这些权威文献并没有直接的密切关系。

依笔者看来，另一类是应该引用与文章选题最相关的文献，即便这些文献发

① 准确地引用文献的重要性的进一步讨论见 P229 的《6.5 勿触学术不端红线》一文。

表在等级较低的学术期刊上。不过，若所选择的研究是重要的，多数情况下，相关的研究论文也会发表在等级较高的学术期刊上。除此之外，决定了将文章投稿到某个学术期刊后，最好还要引用这个期刊上以往发表的相关文献。

准确地引用文献，有助于同行准确地评审投稿论文。学术研究的分工越发精细，学术期刊编委越难将每篇投稿论文送审到恰好做类似话题的小同行手中，更有可能的是送到大同行手中。无论是从研究工作的传承性的角度，还是从帮助大同行能更快、更准确地理解的角度，作者都应该准确地引用文献。笔者曾参加一场学术报告，报告人在台上讲完后，大同行在台下评述；多数大同行均认同的一条原则是，若报告人将自己的研究工作与已有研究建立起了联系并对比了二者的区别，并且区别之处还非常重要，那么这项研究工作应值得去关注。

文献综述不是在一个较低层面，逐篇地解释每篇文章做了什么，向作者致敬；而是在一个较高层面，分大类总结每一类文章做了什么，从而促进自己积极地去思考，明确自己拟研究的问题与已有文献的差别之处，从而提出研究问题。恰如丁和根教授所言，做文献综述，不能仅仅是照人家讲的去叙述，也应该有“我”的存在。“我”的存在体现为对已有文献的提炼和总结，体现为对其中重要观点的评价。

2.5 工欲善其事，必先利其器

对于即将出门遛狗的嬴豫而言，她要决定是否带伞。接下来，她将采用如下逻辑决定出门是否带伞。

原假设：会下雨。

备择假设：不会下雨。

如果她接受原假设，那么她出门时会带上伞。出门后，如果没有下雨，那么，她作出了错误的决定，付出的代价是随身携带一把无用的伞；如果下雨了，那么她作出了正确的决定。

反之，如果她拒绝原假设，那么她出门时不会带伞。出门后，如果没有下雨，那么她作出了正确的决定；如果下雨了，那么她作出了错误的决定，付出的代价是被雨淋。

可见，嬴豫出门是否带伞，取决于被雨淋的代价与随身携带一把伞却无用武之地的代价的相对大小，若前者代价大，那么就出门带伞，反之就不带伞。

是否带伞（朱颖弢）

实践是检验真理的唯一标准。①

——《光明日报》(1978年5月11日)

有了一个研究选题，就像找到了一块原石，那么怎样去雕琢这块原石呢？用自己的理性和感性去感受这块原石的机理，选择适合原石雕琢的研究方法，根据专家给出的改进意见进行修整，最后呈现出一件璀璨的玉雕。其中，雕琢原石的研究方法有两类：基于逻辑推理的演绎法；基于假设检验的归纳法。

实证研究方法强调数据驱动②

以实证研究方法为导向的学者认为，现实世界错综复杂，学者对其的了解不够深刻，因此理论应该深深地扎根于管理现象之中。没有来自实践的数据及对现实的观察就不可能有理论，这些数据与观察是理论产生的唯一来源。

在大数据时代下，数据成了推动学术的有力工具。以笔者所在的管理科学研究领域为例，计算能力的提高和数据的爆炸式增长正在改变着企业捕获数据，分析信息和作出决定的方式，这些变化为学者提供了分析大数据、识别决策和行动的新机会。

实证研究法要求学者要很好地理解所要研究的决策环境，并对手上的数据进行描述性统计，了解这些数据可以解释的基本现象。进一步，基于数据和假设检验模型，学者需预测接下来会发生什么，以及什么情况下这些预测才能发生，从而获得有关决策和战略的建议。最后，若有新增加的数据，学者需要考虑该数据能否有助于完善所构建的假设检验模型，也就是说，学者已构造的假设检验模型应具有容纳性、自我修复性。

① 1978年5月11日《光明日报》发表特约评论员文章《实践是检验真理的唯一标准》。

② 数据驱动的实证研究法强调研究选题具有使命感，进一步讨论见P45《2.1 问渠那得清如许》一文。

假设检验的基本思想是小概率反证法

若学者的眼光中注意的东西常常是当时一些新的现象，那么实证研究方法就是先抓住这些现象，然后从这些现象中抽出其中的精髓，并可以用经典原则来验证，这个过程就是假设检验。也就是说，假设检验是先对总体的特征作出某种假设，然后通过抽样研究的统计推理，对此假设应该被拒绝还是接受作出推断。

所谓小概率思想是指小概率事件在一次实验中基本上不会发生。反证法思想是先提出假设，再用适当的统计方法确定该假设成立的可能性大小，若可能性小，则认为该假设不成立，若可能性大，则认为该假设成立。

原假设通常是没有充分理由不能拒绝的假设。在作出统计判断时存在着四种可能性：接受正确的原假设、拒绝错误的原假设、拒绝正确的原假设及接受错误的原假设。前两种情况属于正确的结论。第三种情况称为一类错误，也叫“弃真”，即原假设成立，但学者根据统计结果却拒绝了原假设。第四种情况称为二类错误，也叫“取伪”，即原假设不成立，但学者根据统计结果却接受了原假设。

对于固定的样本容量来说，降低第一类错误的概率时，第二类错误的概率就增大了，所以要选择减少哪一类错误，要看在什么情况下，哪一类错误的代价更大。

为了控制犯第一类错误的概率，学者提出显著性检验的概念，事实上，这也是假设检验的主要方法。即根据一定的理论或经验，提出一个原假设，当收集了一定数据后，可以评价实际数据与原假设之间的偏离，如果偏离达到了显著程度，就拒绝原假设。

避免实证研究方法可能带来的错误

很多情况下，避免第一种错误更有价值。比如，我们想证明投掷 1 元硬币，得到正反面的概率不相等。

原假设：投掷 1 元硬币，得到正反面的概率相等，即正面出现的可能性为 50%。

备择假设：得到正反面的概率不相等。

然后，我们的实验设计如下：拿一枚 1 元硬币，投掷 1000 次，看是否有 98% 的概率，每次投掷硬币得到正面的概率为 50%。如果不是，则接受备择假设，即正反面的概率不相等。

在这种情境下，第一类错误的表现形式是什么呢？假设我们得到了 545 次正面，足以驳斥原假设。这时候，通过其他手段，我们得知投掷 1 元硬币得到正反面的概率实际应该是相等的。显然，我们犯了第一类错误，拒绝了正确的原假设。那么，原因是什么？当然可能只是我们运气太差，恰好进了那 100%—98%。但是，是否更有可能是我们的实验体系本身有问题？比如，我们用了一枚质地不均匀的假币，或者掷硬币的手法偏向投出正面。

对应地，第二类错误的表现形式是这样的：假设 98%的可能性对应的硬币正面数为 460～540 次，但我们投出了 535 次，在原假设的接受范围内，因此接受原假设。但实际上，硬币正反面确实是不等的。这时候，如何去解读第二类错误？可能确实运气不太好，也可能实验体系还不够精确，毕竟差别没有达到 1%～98%，并不意味着没有差别。

为什么第一类错误更有价值？因为第一类错误可能揭示了实验体系存在根本性错误，而第二类错误则不能排除存在误差的可能性，或者说实验体系本身没问题，只是精确度上还有待完善。

再回到篇首所提及的出门是否带伞的问题。原假设与备择假设应该互为补充，包括了所有的事前可能性。因而，原假设“会下雨”，应该修改为“有多大的可能性会下雨”。是否带伞的决策是一类事前决策，是否下雨是一类事后结果。赢豫犯第一类或第二类错误的原因，就是对于抛硬币出现正面的可能性的理解不到位。

提出假说是实证研究方法中的一个重要环节；必须运用各种有效手段，提出尽可能合理的假说；假说经过严格验证后，方可上升为科学理论。

实证研究方法所处理的系统是一个大大的“黑箱”，学者没有打开它的钥匙。采用实证研究法可能导致所能看到的，只是什么东西进去了，什么东西出来了。理解输入和输出的搭配，再与其他参数联系起来。如果它们之间的关联清晰而稳定，那么就可以预测出系统可能的态势，如果预测不灵的话，学者只能被迫打破这个系统了。

理论研究方法强调大胆假设，小心求证

不同于实证研究方法，理论研究方法是从一般的规律出发，着重运用数学演

算或逻辑证明，得出特殊的具体例子所应遵循的规律。从认识论的角度看来，它是从一般到特殊，从普遍性判断导出个别性判断的推理，其结论不能超出前提所规定的范围。

理论研究方法既需要谨慎地提出大前提，又需要利用这些前提得出结论时有所克制，还要诚实谦逊地认识到这些数据和假设在反映这个世界时存在的局限性。董灵秀教授说，研究假设没有什么天条，若研究结论甚是奇怪，那就要自我追问是不是假定了什么不合理的大前提？误差范围到底意味着什么？或许不能每次都理解假设的局限性，但是如果相关的讨论完全缺失，就令人担心了。

求证重在解释。采用理论研究方法时，为了给出流畅的解释，在建立目标函数后，不是立刻求解，而是要进一步将目标函数整理成为有一定管理意义的表达形式。在得到决策均衡解后，追溯分析过程，找出中间起作用的两个互相扭在一起的驱动力，并找出背后的原因。研究交通管理的卢珂博士生提及，他的导师经常会强调在研究过程中所用到的参数及公式背后的管理学意义。

在这个过程中，要求作者文武双全，也就是说，既要分析得正确，也要能够把结论描述得简单易懂。学者倾向于以一些技术性的结论收尾，如果能够把这些技术性的结论和学者研究这个问题的初衷重新建立起连接，学者也许能够获得对实践问题更深刻的洞察力，更能够理解其中的因和果，所得到的研究结果也更能够被用于改善现实世界，也可以说利用演绎法完成的这项研究工作的确是提供了一些直觉解释。

理论研究所提供的直觉解释能部分地反映出研究的美与妙。笔者与学生一起研讨学术问题时，曾经给学生打了个比方，为何人要读诗呢？因为看到美景后，不会只说一句好美，而诵不出“小桥流水人家”的字句。为何人要读一点学术论文、做一些理论研究呢？因为看到商家售卖的爆款产品后，不会只想着好便宜，赶紧买吧！而会思考商家的决策：品类管理、需求价格弹性、库存水平等。言毕，夏秋妹同学与笔者四目相对良久，幽幽地质疑道：“老师，曲高和寡了吧！”李皓语同学紧接着说：“看，会用‘曲高和寡’，是读过古书，有文学修养的。”

理论研究方法中的假设可能会脱离实践[①]

理论研究方法的建构主要依赖于逻辑思维，不要求理论与数据之间的不断匹配。因此，以演绎为导向的学者将主要精力用于回顾以往的理论，从中发现空缺，以便提出新的命题来弥补这些不足。最为常用的方法是数学建模，根据需要针对实际问题构建数学模型，亦即通过抽象和简化，使用数学语言对实际现象和实际问题进行近似刻画，以便于更深刻地认识所研究的对象。

一位学术大家言及，借助于数理逻辑的推导，可以帮助学者构建内部逻辑严密的因果推导，却也有可能让数理逻辑处于喧宾夺主之势，从而忘记了研究的初心。出现这一现象的原因是多方面的，有客观的，如大家一直学习书本中的知识；有制度性的，如评职称主要看发表论文的数量，因此，会出现评职称的论文粗制滥造，甚至弄虚作假的情况。于是，大家普遍关起门来生产论文，因此，出现这一现象，也不能完全指责个人。

笔者所在研究领域的某学术期刊的主编针对此现状评述道：期刊论文强调研究的深度和对现实问题的洞察力，这对实践产生了切实影响，期刊论文的价值不仅仅体现在对学者晋升的影响方面，更应体现在对管理实践的影响方面。为此，他将邀请一些来自工业界的人士担任学术期刊的编委，从工业界的实际需求角度来审读学术论文的价值（Simchi-Levi，2017）。

的确有不少论文既无实际作用，也无真正的实际背景与需求，仅仅是在编一些“故事”而已。如一些以数学模型为主的管理类文章，实际上是探讨的是一些水平一般的数学应用习题。对于这类文章，数学领域的学者看后可能不以为然，管理领域的学者可能看得云里雾里，作者容易自认为水平高了，可是有实际用途吗？只是自己把自己误导罢了。

对一位学者来说，这样的情况可以存在一段时间，权当练练笔。但是，如果长时间都这样做，甚至一辈子都这样做，拿了国家的工资和科研经费而没有什么有价值的研究成果，也没有提升自己解决实际问题的能力、教学水平与能力，真的要去深思了。这样的人在管理界要真正作出高水平的成果来，其实是很难的，其意义也不大。从战略与可持续的意义上讲，最好不要陷入这样的陷阱。

① 关于研究假设可能会脱离实践的进一步讨论见 P61《2.3 诱人的陷阱》一文。

看似不相关的研究选题其实是普遍联系的，不存在孤立的研究选题。如何划定研究选题的边界，取决于分析目的，也就是学者想要回答的问题。从某种程度上看，划定研究选题的边界需要较高的艺术性。对于新的问题，出于不同的目的，可能需要并且应该对其进行重新思考。

综合而言，采用实证研究法，必须持“知而不知”的态度，“知”指要知道研究的基本范式，“不知”指对任何新的研究问题都要有谦逊的态度。采用理论研究法，必须持“有而不有”的态度，“有”指学者熟练掌握的研究理论与方法，“不有”指不把已有的研究理论与方法当作真理本身。

第三阶　学术之果

对于头脑中新颖的想法，需要将其结晶为论文，才能与同行展开高效的交流。大抵在论文写作过程中，学者们也会身处万事开头难的境况，很难写下第一笔，或是总算写出来了，回头一读，发现用晦涩的语言表达了一个简单的想法；还有可能是把论文送给他人校读，他人读了几遍之后，还是一头雾水，不知作者所云；又或是在学术会议上宣讲，借用太多专业名词去表达研究结果，使得听众昏昏欲睡；再或是自认为很得意的大作，却得不到同行的认可，而无缘发表在相应级别的学术期刊上。

这个世界上最难的事情便是将自己的思想装到别人的脑子里，如何用超越文字的方式让读者或是听者感悟作者的思想？抑或是让作者的文字具有丰富的情感和更大的号召力？

3.1 下 笔 不 难

刘乐行同学："毕业论文的选题'轮滑培训对幼儿初学者身体素质及自我控制能力的影响研究'，这是关于轮滑运动影响幼儿初学者身体素质及自控力的研究。在教授现场，我通过观察幼儿初学者在轮滑上的动作，可以很快地找出改善要点。但是，如何把这些零散的要点汇集在一起，形成一套关于轮滑教学的书面总结，常常会陷于'胸有千言，下笔一句话'的境况。"（刘乐行，2017）

赢豫："在教授小朋友学习轮滑的现场，你一定有非常多生动的语言；一旦到了写论文的时候，却又陷入词穷状况。或许，平日上课前后，多做教学笔记，日积月累，就可以写成文了。"

刘乐行同学："随时、随刻记录，可以督促自己记下教学过程中灵光一现的灵感和刹那间的感悟。"

妙笔生花

天下难事必作于易，天下大事必作于细。

——老子：《道德经》

只想不练空把式，很多人的问题在于想得太多而写得太少。想要写一篇学术文章，光是记一些写作秘诀是不够的，需要经常练习，多思考，多修改，才能渐渐掌握技巧。

欲望驱使写作[①]

很多好玩的、耐看的文字都不是为了出版而写的，多是写给自己的。蒋介石的日记，是写给自己用于内省的。蒋介石最为推崇的曾国藩，他所写的家书同样是为自己和家人而写。有一位文学大家在年轻的时候，受限于时代因素，不能够公开发表自己的作品，他每天晚上写一篇文章，第二天早上再亲手销毁。即便是知道要销毁掉，他还是要写，这是因为他有表达的欲望，后来，他终成一代文学大家。

姜宝军教授深有感触地说，其实也想写一些文字送给自己，等自己离开这个世界后再出版，即便不出版也无所谓；现在因为研究工作繁忙，只能把写给自己的书写在自己心里，闲暇之余自己看看，体会人生。

笔者倒是处于一种想写就写的状态，不过笔者有时整日都写不出一行，有时却又能挥笔连续写上数日，虽然到头来有可能写得驴唇不对马嘴。尽管这样，写作也是一种难得的享受，因为较之世事艰难，在写作方面寻求一些人生意义反倒显得轻而易举。

对于已经获得终身教职的学者而言，并非受人之托才写文章的，而是因为有想写文章的强烈欲望，深刻感受到这种内在的动力，才会不辞劳苦地努力写文章。也就是说，写文章也就是只需要一口气，恰如韩愈在《答李翊书》中所描述的：

① 自我写作欲望驱使是因为研究选题源于自我的兴趣和好奇心，进一步讨论见P53《2.2 为有源头活水来》和P135《4.2 持好奇心》两文。

“气水也，言浮物也；水大而物之浮者大小毕浮。气之与言犹是也，气盛则言之长短与声之高下者毕宜。”

笔者常常回看自己所写的文字，发现自己原来还那么想过啊。在某一段时间内，之所以对某一个问题深入思考，是因为在那一刻天时、地利、人和，适合思考这样的事情，相应地，也是记录下来的最佳时机。因为若错过了那个时机，没有了情趣，也就写不了几个字了。时间久了，自然地就淡忘了，这样说来，随时随地记下有趣的东西，不仅可以减轻记忆负担，而且可以将宝贵的思想珍藏下来。

对于正在攻读博士学位的学生而言，也并非受人之托才写文章的，一部分动力来自对所从事的研究选题的兴趣，或许还有部分动力来源于“我要毕业”的强烈欲望。

帮助他人理解问题的欲望驱使写作

学者了解读者想知道的不会只是一个合理的答案，他们更想知道这个问题为什么值得一提。表达好奇心的论文正好能够满足读者的这一需求，引起读者的好奇心与思考，这种论文才能帮助读者更好地理解作者的思想，进而产生共鸣。

在论文的开头，学者通常不会用研究结论开场，他们会首先由一个商业场景引出一个现实问题，引发读者的好奇心。这是因为学者预见到读者会问：那又怎样？此时，读者带着好奇心读下去，就知道应该注重听什么内容、记录什么内容。因此，学者知道只有当所提供的答案可以令读者不再追究“那又怎样”而是转而认为那值得一探究竟时，读者才会对自己提出的问题产生真正的兴趣和认同。

无论何种类型的动力，学者总是要能够把自己的想法逐字逐句地写出来，只有这样才能与同行开展交流。

写作需要计划保障

写作能力是一种技术，而不是天生的。

对于学者而言，需要找一整块时间教书吗？不，每位学者都是提前定下了上课的时间，而且从不会错过。写作也是如此，不是找时间写作，而是要分配时间写作。成功的职业作家通常每天都写，村上春树[①]是那种无论刮风下雨，每天都准时跑步的人，这也是他之所以能够每天坚持写作的另一种表现形式吧！

多数人采用的是一种低效的写作策略，即“暴写”，这种方法既浪费时间，又浪费精力。经过计划写作—拖延—为拖延感到内疚和焦虑的恶性循环之后，终于在某一天，暴写者除了写作什么也不干。于是，写了几段，稍微减轻罪恶感，新一轮暴写循环再次开启。暴写者为不写作而感到罪恶和焦虑的时间远远多于那些按时写作的人用于写作的时间。长期暴写后油尽灯枯的心力交瘁，更加剧了暴写者对写作的厌恶。

写作其实很简单：制定写作时间表、设定清晰的目标、跟踪写作进展、奖赏自己和养成好习惯。换句话说，完成一篇文章的可靠途径之一是依靠计划，学者必须信任自己的计划，并严格按照计划行事，除此之外，别无他法。拥有一个自律的写作计划，不一定会让写作过程变得更有趣，但是会让写作过程变得容易一些。

没有灵感也可以写作

写作需要灵感的驱动，但是没有灵感也可以写作。

坐等灵感进行写作是行不通的，即使那些大众认为最需要灵感的小说家和诗人，也不是等有了灵感才写作。Boice（1990）召集了一群挣扎于写作困境的大学教授，将他们随机分为三组：第一组采取限制写作策略，禁止非紧急写作；第二组采取自发写作策略，分配了 50 个写作环节，但只在他们有灵感的时候才写；第三组采取情景管理策略，分配了 50 个写作环节，强迫他们在每个环节必须写。研究发现，第三组的大学教授写得最多，是第二组的 3.5 倍，是第一组的 16 倍。

Boice（1990）只是说明写作计划有助于保证写作数量，并未说明写作质量如何。依笔者来看，那些坐等灵感降临的学者，虽然可能写作数量不多，写作质量却有可能较高。不过，若总是没有写作灵感，写作计划至少可以保证学者能写出一些东西。

在缺乏灵感的写作过程中，一种可行的方法是，采用滚雪球的方式，把已有句子当作雪块，把已有研究文献当作雪地，把雪块按到雪地里，并滚来滚去，东拼西凑，慢慢地，让雪地上的雪粘到雪块上，雪块会被滚得越来越大，也越

① 村上春树（1949 年 1 月—　），生于日本京都，作家。

来越圆，最后形成一个雪球，这样的段落其中就有自己想表达的研究思想了吧。但这样写出的文章一般都需要进行进一步的处理和加工，可以将之视为引发灵感的方法之一。

卢珂博士回忆自己的第一篇学术论文时，常常感叹自己算不上是天资聪慧类型的，在写第一篇文章时，若没有导师鼓励自己勤加练习，自己很难有信心写上一段，回头看，写偏了，再删掉，再去写……就这么反复下去，竟然写完了第一篇文章。

不过，在滚雪球的过程中，也要防止雪球过大，自己想表达的研究思想散落在雪球里的各处，从而忘记了写作的初衷。也就是说，文章的篇幅要尽可能短小，语言要尽可能精练。当写出的文章过长时，与多数同行一样，笔者常常幻想，期刊编辑可能会觉得这篇文章写得太好了，然后会把给它的版面翻倍，他们还会把整个期刊的论文重新排版一遍。事后，笔者必须得承认，期刊编辑对于论文的删减是有道理的。

写文章是从写句子开始的，有了好的句子才会有好的段落，有了好的段落才会有好的文章。

一句一句地写

把一个想法编制成一篇文章的流程，类似于一个漏斗的工作流程，这里的漏斗暗喻的是文章的框架。开始的时候，自己只是有些零碎的句子，然后把这些句子扔进漏斗，出来的就是一篇集中起来且有中心思想的文章。

笔者曾经指导本科生郑旖旎同学做研究，有一次让她读一篇文章中关于某个定理的证明过程，她追问笔者：“这是一篇中文文章还是英文文章？”笔者好奇地追问道：“中英文有何差别？”她回应道：“若是中文文章，即便行文中有的逻辑结构比较复杂，因为是母语的关系，也是可以读懂的；若是英文文章，行文中若有较多的复杂句式，读起来会比较费劲。”随后，笔者解释道：“中文是有少的即使语词调换顺序能也读懂的文字，因为它的每一个字都是表意的而不是类似拉丁语系表音的。我希望你读的文章虽然是一篇英文文章，却是 1958 年发表的，所运用的词语、句式非常简练，每一个句子均直击要点，没有过多的从句。”①

① 此文为 Scarf H. 1958. A min-max solution of an inventory problem. In：Arrow K J，Karlin S，Scarf H E. In Studies in the Mathematical Theory of Inventory and Production. Berkeley：Stanford University Press：201-209.

好的句子是简短的。每个句子都能够清楚地表达一个观点，这个句子的观点能够引出下一个句子的观点，没有多余的词语。

将句子组装为段落

幸运的话，能够写了上句有下句，那么，接下来的任务就是把一行一行的句子组装进一个个段落中。在组装过程中，无论是写下来，还是在脑海中打好腹稿，总是需要一个写作提纲的。

写作提纲可以作为检测进度的标尺，帮助自己确定所组装的句子是否已涵盖了自己想要表达的要点？这一段能够为文章增加什么内容？它与上下段落之间的契合度如何？写作提纲还可以使写作过程更加灵活，不用拘泥于从头写到尾，如果自己的思绪到了那里，就可以先写已经准备好的，其他部分可以暂时搁置。很多学者写作时常常面临着不知如何开头的困境，这时与其盯着一个空屏幕，绞尽脑汁地去想一个意义深远的开头，还不如跳过开头，直接进入已经打好腹稿的部分。

在组装句子的过程中，一方面，需要确保每个好的段落的开头多使用主题句点题，在段落的结尾，还要有主题句与之呼应。这样处理每个段落的中心句，不仅可以使读者在一开始就明确段落主旨，而且使其紧扣主题直至阅读结束。不过，文章首尾、重要的段落采用这样的方式比较好，如果通篇这样写，可能会使行文显得啰唆。另一方面，需要保证句子推进的逻辑性。洪流教授在指导学生写作过程中，会强调连词的运用。如果行文中只有“但是……但是……”那么这篇文章的逻辑就不是很清楚。

要随心所欲、自由自在地写出心中所感、脑中所想，是一个漫长的、令人煎熬又充满期待的过程，远非想象中那么简单。通常情况下，笔者想写什么样的文章，会先想好大概的框架，不过这时还写不好，只能慢慢积累相关素材，不断地往那个框架中填充。那个框架始终悬浮在笔者头顶的天空中，仿佛启明星一般光芒四射。笔者遇到什么困难，只需抬头望望天空中的启明星，这么一来，对自己眼下所处的研究进展、应该前进的方向就一清二楚了。假如没有这样的定力，笔者只怕会迷失方向，四处碰壁。

即便拥有这样的定力，也写出并幸运地发表或出版了相关的论文、专著，笔者也常常陷于惴惴不安之中，这些公开出版的文字很可能存在思考不成熟之处，也可能有逻辑上的错误；几年后再读，恐怕连自己都会脸红。丁和根教授宽解道：谁不会经过如此的过程呢？即便存在一些问题，若以后能发现，说明自己的认识和思维能力又进步了；他人也会看到自己新的成果；两相比较，不是更能看出自己的进步么？

思而不“写”则殆，过分拘泥于思考而不将思考落在文字上也许会让自己懈怠。下笔虽难，却是难得的学术训练方式，并且以笔当剑本也应是学者本色。以新加坡 Teo Chung Piaw 教授的诗与君共勉：

以 笔 当 剑

一生求笔，孤意求剑。
独缺肝胆，半世惆怅。

3.2 行文简洁

嬴豫："我在击打高远球时，用尽全身力气，也无法将球击打到对方的后场。"

沈乐群老师："击打高远球的动作要点之一在于手臂动作要简洁、直接。想象自己要从后往前拉动一个重物，使肩关节与肘关节保持在一个水平线上，也就是说，大臂和小臂向身体的外侧展开，借助大臂的力量，通过这样的方式拉动重物容易，还是肩关节与肘关节保持在一个垂直线上，也就是说大臂和小臂向身体的正后方弯曲，借助后背和大臂的力量，通过这样的方式拉动重物容易？"

嬴豫："后者更加容易。这与学术论文的写作理念是一样的，下笔所写的每一个字、每一句话均需要直击重点，而不是来回敲边鼓。"

剥洋葱

行到水穷处，坐看云起时。

——（唐）王维：《终南别业》

运用之妙，存乎一心。文章是反映学者对某个研究选题的领悟力的成果，文章的写作不同于唱戏，不断地敲边鼓，把好东西放在最后压轴，而是要快速地进入主题，作者有义务在论文的开头开宗明义，吸引读者的注意力

标题简洁

标题是文章的“门面”。

标题必须夺人眼球，重点突出。古往今来的作者著文时，总是希望文章发表后引起广泛关注，最好能被检索评论刊物摘引。笔者在修改本书稿的过程中，与责任编辑朱丽娜老师几易书稿名，如“学术的江湖”“与象牙塔相处”“学术的基因”“学者是怎么炼成的”“学术的阶梯——从青菜到青椒”……最后确定的书名为“学术的阶梯——师生相处之道与学术研究入门”，是希望既表达出本书的主要内容，又能让读者在各类网站上轻松搜索到。

标题还需短小精练。Letchford 等（2015）对 Scopus[①]数据库中 2007—2013 年 14 万篇高引用论文的题目进行分析，其中对论文题目的长度和引用次数进行比较后发现，文章题目越短，被引用次数越多。不过 Letchford 等（2015）没有对产生这种结果的其他影响因素，如文章作者的名气和论文主题进行分析。也就是说，虽然文章题目长短和引用可能存在一定关系，但这种影响不如研究所显示的那样明显，用大型数据库进行这种研究有一定价值，但从这种研究中得出的结论的价值有限。

此外，标题中应省略一些无用的赘语，例如，“关于某个问题的研究”“关于某个问题的探索”，这类字样通常是多余的。

① Scopus 数据库是全世界最大的摘要和引文数据库，涵盖了 15 000 种科学、技术及医学方面的期刊。

如何才能拟定一个简练、精准的标题呢？唯有不断地修改、回味所要表达的主旨，方有能力将思想精华以标题的形式呈现出来。

内容重点突出[①]

写出的论文终究是要让读者读懂的。很多时候，自己或许没有那么多华丽、巧妙的词汇可以调用，但是只要词能达意，相对于用华丽的方式写出的论文，用质朴的方式写出的论文，更容易让读者读懂。

然而，仅仅运用简单的词语，把浮上心中的想法记录下来，而晦涩的词语、考究的表达一律不用，并不是一件易事。笔者在撰写和修改本书稿的过程中，每完成一篇，皆要请李皓语同学审读，她认为行文佶屈聱牙，逻辑方面颠三倒四，立意繁杂难解之处，便是笔者没有想清楚、写明了之处。

突出重点的研究工作不一定是好的研究工作，但是好的研究工作一定突出了重点。学术文章很容易沦为让人觉得无趣和厌烦的文章，不仅仅是对于学术同行，可能对自己更是如此。那么，提笔写作的最初，就要像自己在对家人解释自己的观点；想象这篇文章将成为某个流行商业杂志的封面文章。只有这样，文章目的才更加明确，写出来的文章才不会令他人读起来昏昏欲睡。

写出重点的文章一定会把读者放在心中。写出来的文章不是为了让自己周围的有限几位同行读懂，也不是为了有限的几位审稿人而写，而是为了潜在的、尽可能多的，能够通过阅读自己的论文而获得某种启迪的同行而写。这些同行的研究兴趣可能与自己的并非完全一致，也就是说，自己所写出的论文不仅要获得所在研究领域的小同行的认可，还要获得所在学科的大同行的认可。

写出重点的文章会从不同角度反复论证研究结论的重要性，也就是说，好的文章会在引言、文献综述和结论部分用不同方式阐述研究结论的重要性。

从技术角度看，写作可以分为三段式：首先，说明所研究的方向的重要性；其次，说明本论文的工作内容；最后，说明研究结论的重要性。从内容构成的角度看，表明研究动机和主要结论的摘要及引言部分是全文中最强的音符，文献综述部分需要突出本论文研究工作的重要性，结论部分同样也要说明研究工作的重要性，决不能只是老调重弹所得出的研究结论；论文提出的科学问题通常很具体，

① 内容重点突出的行文有助于学者准备出一份观点明晰的学术报告，进一步讨论见 P117《3.5 做学术报告》一文。

但是在结论部分，作者必须为其寻找大背景和更为基本的科学问题，必须要将研究的重要性上升到足够的高度。

推理简洁[①]

看似简洁的道理其实是作者冥思苦想后的精华。陈蓉教授在做研究的过程中，从来不着急做关于模型的具体分析工作，常常是先想通了一些影响因素间彼此牵制的力量，再去考虑把这些思考放在一种什么样的管理情景下体现出来。此时，再看这些简洁的结论，或许会产生一种柳暗花明的感觉。

简洁的推理需要一些假设前提。多数论文都有着非常清晰的思路和结论，但是也伴随着很多假设。论文是作者给定一些研究假设，并基于每个人都可以获得的证据及逻辑推理的基本原理，将获得结论的过程公之于众，希望读者可以接受其合理性。

虽然影响一个问题的因素有很多，但是有的因素产生的影响大，有的因素产生的影响小。论文作者所需要做的是，忽略不重要的因素，只保留最重要的因素，从而为其所主张的观点提供一个严谨的逻辑论证、简洁的总结，概括关键性的权衡因素，使得读者不必被繁琐的证明附录埋葬，而只是跟随着关键性的结论向前走。也就是说，论文的研究假设是作者对哪些是重要因素、哪些是不重要因素的界定与解释。

借助不熟悉的语言简洁地表达

笔者常想为何自己不具备简单而又深刻的思维方式呢？这或许是因为笔者生在中国长在中国，从小就一直使用中文，所以在笔者的思维中充斥着种种中文词汇表达。当笔者想把心里的想法形成中文文章时，形容这些内容的词汇就会仓皇而出，在系统内部引发冲突。为彻底改变这种思维方式，笔者有时会暂时放弃纸和笔，只捧着一杯茶，静静地发呆。对于笔者而言，只要把纸和笔放在眼前，这种架势就不由自主地变得学究起来了。

然而，靠一支笔行走于学术圈的笔者常常舍不得放弃那纸和笔。这时，用一

① 关于推理简洁的进一步讨论见P99《3.3 由繁及简的理念》一文。

种不太熟悉的语言，可以帮助自己想得清楚一些。这是因为用不太熟悉的语言去写作，恰恰由于词汇和表达受限，反而不会出现类似的情形。而且，尽管词汇和表达的数量有限，但只要有效地进行搭配，通过运用不同的搭配方式，也可以十分巧妙地传达研究思想。也就是说，既无须罗列晦涩的词汇，也不必非用阳春白雪式的美妙表达不可。

笔者曾经写了一篇中文文章，几经投稿，都没有什么进展，想着是否是因为研究内容不适合国内审稿人的口味，于是，就考虑转投英文期刊。当然，笔者的英文写作能力不足挂齿，只能使用有限的词汇，凭借简单的语法来写文章，句子当然也都是短句，不管脑袋里塞满了多么复杂的念头，也无法原原本本地表达出来。于是，只好改用尽量简单的句子讲述内容，将意图转换为浅显易懂的文字，把描述中多余的赘肉消除，使形态变得紧凑，以便纳入有限的篇章空间内。不过，陈建清教授提醒，中文、英文的写作风格有所不同：中文写作进程呈现出一种波动性，多用转折词；英文写作进程中，讲到关键之时，可能会有一些转折词，多数情况下用平铺直叙的方法。

在将中文翻译成英文的过程中，笔者发现写出来的中文文章，总是晦涩难懂，表达不清楚；转念一想，或许是采用中文的写作思维，反倒使简单的想法复杂化了。后来，每次开始写新的文章时，自己就试着用英文写文章的开篇。在采用英文表达思维时，自己的想法都能被表达得简单清楚。之后，再坐到桌前，将写成的整整一段英文文字翻译成中文。说是翻译，倒也并非死板地直译，这么一来，其中必然会浮现出新的中文问题，那也是笔者自己独特的文体，是自己亲手觅得的问题。就是这样，一来二去，笔者便渐渐找到了属于自己的写文章的节奏了。

简洁的行文由简洁的标题、突出重点的内容、简洁的逻辑推理三者合力共同组成。依笔者的体悟，借助修辞手法和不熟悉的语言有助于获得简洁的理念。

3.3 由繁及简的理念

马友友[①]6 岁的时候，会拉琴让妈妈听，同一首曲子，他有多种不同的拉法，问妈妈喜欢哪种。然后，问妈妈为什么喜欢那种。妈妈说："我喜欢简单的，简单的永远是最好的，不要复杂，自然最好。"

当马友友初次演奏弗朗茨·舒伯特[②]的奏鸣曲的时候，尝试了很多次，都不能表达出其中的感情，他就让身为歌剧演员的妈妈来唱给他听。唱完后，他问："妈妈，为什么你能做到，而我做不到？"妈妈说："你要先理解作曲家的意图，然后把它表达出来，我能表达出来，是因为我的声音是天生的、自然的，不需要练，我就可以自如地运用声音表达自己想表达的东西。而你不是天生地就拥有大提琴，因此你需要与之产生联系，掌握技巧，才能自然地运用它来表达你想要表达的东西。"

① 马友友（1955 年 10 月— ），生于法国巴黎，大提琴演奏者。

② 弗朗茨·舒伯特（Franz Peter Schubert，1797 年 1 月—1828 年 11 月），生于奥地利维也纳，作曲家、音乐家。

简约

大象无形，道隐无名。大唯道，善贷且成。
——老子：《道德经》

简洁的研究理念是切勿浪费较多东西去做用较少的东西同样可以做好的事情。[①]也就是说，要尽可能涉及较少的、重要的因素，而不是试图去全景式地呈现全部因素。

学者获得一种简洁理念的过程类似于剥洋葱。想象一个洋葱，它的外层很干且易破碎，把外面这层剥下，然后扔掉，接下来的那层是闪亮的、有弹性的、柔软的。当然，你也不会用这一层，你想要的是洋葱的中间部分——尖锐刺鼻但却新鲜的部分，这才是最好的部分，并且这个部分不需要太多的切分，因为它本身已经很小、很紧凑了。当笔者与丁和根教授分享自己如何获取简洁理念的想法时，丁和根教授评论到，他获得简洁理念，有可能是通过顿悟，不需要经过深思熟虑；也有可能是借助于剥洋葱，慢慢去粗取精而来。这些都是外在形式，而一涉及内在价值，就会自我追问，有直击重点的必要吗？它的效果是好是坏？这么想来，笔者要说的其实是前者，无关于价值；也就是说，是工具论层面的事，而不是价值论层面的事。

简洁不意味着直接[②]

学者除了可以借助数理模型、实证分析等研究方法得出研究结论，也可以依靠直觉、情感甚至灵感得出好的结论。但是，当要求他人接受此结论并按照结论行事时，如果只是要求他人无条件地相信那些源于自己内心的经验和主张，这就有些勉为其难了。

① 这个原理是奥卡姆剃刀定律（Occam's Razor，Ockham's Razor），又称“奥康的剃刀”，它是由14世纪逻辑学家、圣方济各会修士奥卡姆的威廉（William of Occam，约1285—1349年）提出，称“如无必要，勿增实体”，即“简单有效原理”。

② 能够简洁地表达出观点的论文，有助于论文作者给出一份清晰的学术报告，进一步讨论见P117《3.5 做学术报告》一文。

退一步讲，多数问题可能即使不用各类研究方法也能讲清楚其中的内在逻辑，但是研究方法具有形式上的严谨性，能够帮助学者把研究选题所蕴含的内在逻辑关系一步步推演出来，尤其是有不少学者在运用直觉、情感及灵感时，可能存在不严谨的内在逻辑。在本书撰写过程中，笔者反复地经历了这样的苦涩体味，常常要借助于自己或朋友们的经历去表达关于学术研究的观点，因为这是一本书而不是一篇学术论文，是断然不可借助数学符号、统计判断来论证相关观点的。因而，在运用直觉、情感类语言描述的过程中，逻辑推理难免会出现漏洞，这个时候，只能拜托校读的学生与朋友们帮忙弥补了。若是一篇采用某种严谨的研究方法而写就的论文，或许能够采用数值法、反证法等进行逻辑推理方面的自我检查。

任何研究理念都是对现实问题的简化，而好的研究理念专注于现实问题中最重要的影响因素。当学者借助研究方法解释研究选题时，应尽可能借助最少的研究假设，也就是说，研究的解释是节俭的。笔者所在领域的一份学术期刊的主编言及，除了发表传统篇幅的学术论文之外，还将考虑发表更短的、高质量、原创性的研究论文，类似于*Science*、*Nature*等期刊上的短小精悍之文（Simchi-Levi，2017）。何为短小精悍之文呢？*Science*刊登的一篇关于不同语言能力对人类的嗓音识别的影响的研究文章，字数不足700个单词，既没有采用先进的设备，也没有使用复杂的统计，只有一个行为实验，研究结果只是一张图表（Perrachione，2011）。这样一篇看上去“很简单”的文章为何能发表在顶级学术刊物上？笔者觉得，论文作者提出了好的科学问题，借助于恰当的研究方法揭示出了其中的本质，并采用白描式的语言将其准确地表述出。

多数看起来复杂的事物与道理，都可通过最基本、最简单的道理进行说明，这就是以小见大。陈新教授到一所中学访问，做了一场关于优化决策的报告。笔者很好奇地追问他，他自己的研究领域是关于最优化决策的，非数学科班出身的听众不能听懂，如何能够把深奥的研究讲给没有学过微积分的中学生呢？陈新教授认为，通过列举一些商业现象并解释其背后的最优化运用，令中学生领略到优化科学的魅力，而优化方法就是陈新教授解释现实问题时所采用的工具之一。

简洁的理念[①]

简洁的论文的逻辑推理过程处处返璞归真，试图把复杂的问题简单化。学术大家多是在借助数学推导之前就比较透彻地了解了其中的权衡因素，这意味着模型中的变量必须足够少，多方的博弈关系必须足够简单，与此同时，这些变量与博弈关系有能够表达出令他人产生“奇袭感”[②]的特性。张任宇教授的师爷言及，某些令人产生“奇袭感”的研究结论，可能是由于学者做了一些具有“奇袭感”的研究假设。这提醒笔者在设定研究假设时，需要获取一些实践证据佐证研究假设的合理性。陈建清教授也切身体会到，需用最简单的模型表达最重要的结论，但又不能让人觉得这些重要的结论是源于简单模型中的假设；进一步，放松模型假设，最重要的结论依然存在，说明了研究结论的可靠性。

何为重要的假设？何为重要的结论？仁者见仁。笔者在给学生授课过程中，依据授课知识点选择一些学术论文，与学生讨论很多次，在研究问题的提出、研究假设的建立阶段，呈现出三足鼎立的态势：论文作者一种表述，笔者有一套解读，学生也有一套解读。这种反复出现的态势令笔者思考，笔者所在的管理研究领域是解决现实问题的，论文作者、笔者和学生处于不同的商业情景中，自然对何为不重要的、何为重要的，持不同见解。或许，没有绝对的对与错，只要能够解决现实问题就可吧！

采用简洁的逻辑推理论证研究选题时，学者需要在严谨性与有用性之间权衡。很多现实问题可能只在某些条件下存在，如果学者采用某些特定的理念将其中的内在逻辑表达出来，这满足了研究的严谨性，但是很难找到一个统一的模型将所有条件下的内在逻辑均表达出来，这导致本来存在清晰内在逻辑关系的问题，在学者借助模型分析之后，反而得不到明确的关系。

不过，简洁的逻辑推理过程可能意味着预期结论与研究假设之间的距离较短，所以相对更容易被前人发现并模型化。如果没有被前人发现的话，那么，能够发现这种简洁又不失深刻的推理过程的学者，要么是因为比较幸运，要么是因为这种机制在现实中并没有被很多训练有素的学者关注、重视过。

---

① 论文简洁的理念对立面是选题过大，关于选题过大的进一步讨论见 P61《2.3 诱人的陷阱》一文。

② 关于奇袭感的进一步讨论见 P45《2.1 问渠那得清如许》一文。

并非自然地获取简洁的理念

把若隐若现的想法逐一抛出脑海，动用减法使思维简洁化并呈现于笔端，也许并不像心里想想、嘴上说说、手下写写那样简单。2016年初春，笔者和陈蓉教授的两个女儿在车上玩成语接龙[①]游戏，几轮游戏下来，笔者突然察觉到，自己说出来的词和孩子们说出来的词，最大的差别是笔者的是抽象的、空泛的，而孩子们的是具象的、有意义的。

笔者反思，在学术研究过程中，笔者和姜宝军教授、张付强教授讨论论文时，若遇到逻辑思维推理的难点，他们多是用形象生动的比喻，表达看不见、摸不着的管理直觉和解释，而笔者的思考模式、表达方式多是晦涩难懂的。

崔志坚教授提及，在西班牙教授过的一位意大利学生，学业成绩优秀，他到上海某顶尖高校进行为期一个学期的学习交流，但只住了一个半月就决定提前返回西班牙。这名意大利学生抱怨，该校教学内容理论多了一些，不太实际，授课过程中只有讲座没有讨论，这令自己感到失望。这不禁令受教并执教于中国高校的笔者反思：如何提升自己的具象化表达能力？

在本书的修订过程中，准确地、具象化地表达出所思、所想的需求常令笔者彻夜难眠，着实地体会了一番字字皆辛苦的写作经历。依笔者理解，准确地表达意味着逻辑性强，具象化地表达意味着画面感强。在管理科学研究范畴下，画面感是作者对现实管理问题的感受。笔者请教丁和根教授，写作中如何将逻辑性和画面感结合在一起？丁和根教授言，在学术性论文写作过程中，学者应该先注重逻辑性；在与学术研究没有直接关系的写作过程中，如何平衡逻辑性和画面感，一事一议。

通过图形化研究过程获取简洁的理念[②]

在学术研究过程中，若将想法转化为图画，采用视觉化思考，学者可能就会获取简洁的理念。

视觉化思考意味着学者同时启用感官的眼睛和心灵的眼睛，去发现一些看不

① 成语接龙的规则多样，一般熟知的是采用成语字头与字尾相连不断延伸的方法进行接龙。

② 关于推理简洁的进一步讨论见P93《3.2 行文简洁》一文。

见的想法，快速直观地勾勒出这些想法的基本特征，然后用易于理解的方式与他人分享这些想法。完成一项视觉思维任务，只需要以下几个步骤。

第一步：收集。学者首先要睁开一双好奇的眼睛，揣着好奇心，尽己所能收集到足够用来分析的信息，并把收集到的信息放在自己易于观察的地方，从不同角度对信息进行分类、整理。

这个过程就好似在一场麻将游戏中抓牌的过程，玩家首先会抓到足够多的开局所需要的牌，然后再把牌摆在自己方便看的地方。

第二步：思考。学者要用心思考所获得的信息，知道所观察的对象有哪些，各对象之间有何关联，随时间如何变化。将这些信息综合考虑以后，借助图形的方式，能帮助学者看清抽象理念所蕴含的信息。这是因为很多问题之所以没有能够解决，其实是因为学者很难清晰地理解这些问题，而借助于图形的视觉思考，就是帮助学者把问题看作一组相互关联的视觉块，每一个部分都可以用图画描述得非常清晰。

这个过程类比到麻将游戏中，就是抓完牌以后，我们会看抓到哪些牌，然后根据观察将麻将按照花色进行分类。

第三步：领悟。学者需要一点领悟力，去领悟看不到的东西。曾经是否看到过类似的模式？是否可以把过去看到的模式与现在的模式做类比？是否有更好的模型来匹配所看到的事物？是否可以对收集的信息重新排列而获得更多有意义的信息？是否隐含了一个可以连接所有看到的信息的框架？

学者的领悟过程类似于艺术家的艺术创造过程。宋京生教授提及，在做研究的闲暇时段，会阅读一些有插画的图书，最近正在读作家冯骥才[①]的作品。她提及，冯骥才署名的图书中的插画，均是作者亲手所绘，是试图将隐藏在文字中的思想精髓以画面的形式呈现给读者，也是试图将自己头脑中读者看不到的东西转化为可以看到的东西。

学者想象的过程类比到麻将游戏中，就是玩家会想象那些排列好的牌与即将可能抓到牌的组合，哪种组合更符合和牌的组合，一些积累了丰富经验的玩家可能还会联想到曾经碰到的类似组合中，哪种组合胜率更大。

第四步：展示。学者觅得一种合适的研究方法，再用笔和纸勾勒出相应的研

---

① 冯骥才（1942 年 2 月—　），天津人，作家、文学家、艺术家。

究过程，就能把相应的研究结论展示给他人了，展示的过程也是让所有的东西变得清晰的过程。因此，学者需要尽力去总结所发现的研究结论，找到最适合的模型框架，把不可见的想法可视化地表现出来，并且还要记得回到最初的研究起点，看现在所展示的研究结论是否仍有意义。

这个展示过程类似于麻将游戏中玩家手中的牌会随着抓牌和打牌不断更新，因此赢牌的组合也会随着信息的更新而有所变化，直到手中的牌符合赢牌的最佳组合，就完成了和牌，把之前“吃”“碰”“杠”[①]的牌加上自己手上的牌展示给牌友看。

借助于视觉化获取简洁理念的思考方式，知易行难，丁和根教授解释说，这种思考过程比单纯的抽象思维多了转化的过程，再加之必须有具象化的本领，因而就难上加难。

不排斥复杂的理念

研究假设越接近现实，模型就会越复杂，要复杂到什么程度呢？这取决于研究假设与过程是否能够解释、预测所观察到的研究选题。

行笔至此，想起朱庆华教授讲的一件趣事，她在攻读博士学位期间，和同门们互相打趣，博士论文能够达到毕业要求的条件有二：一是模型要复杂到自己很懂而导师看不懂；二是导师看不懂的模型但其还认为是对的。这虽是博士生们的自我宽解之言，却也从侧面反映出研究选题是不排斥复杂的理念和模型的，有时甚至是必需的。

由简及繁的研究过程，可以彰显简洁理念的解释力度。张付强教授言及，围绕着一个研究选题的研究工作，首先要借助简洁的模型说明其中的主要影响因素，并给出研究结论；其次，在简洁模型的基础上，增加非主要影响因素，说明之前所得的研究结论具有较强的鲁棒性[②]与普适性。也就是说，简洁的模型对所研究的选题具有较强的解释力，并且考虑非主要影响因素之后，变得较为复杂的模型所得出的主要研究结论与之前的结论不存在本质差异。

---

① “吃”：如果任何一位选手手中牌的其中两张再加上上家选手刚打下的一张牌恰好成顺子，就可“吃”牌；“碰”：如果某方打出一张牌，而自己手中有两张以上与该牌相同的牌，可以选择“碰”牌；“杠”：其他人打出一张牌，自己手中有三张相同的牌，即可“杠”牌。

② 鲁棒性是 Robust 的音译，是健壮和强壮的意思。它是在异常和危险情况下系统生存的关键。

另外，还有一些复杂的理念并非基于研究初衷而做。以笔者所在的管理研究领域而言，能够在顶级学术期刊上发文的学者多来自发达国家，这些国家的企业管理、运作制度相对成熟、稳定，新的管理现象不多，但是学者很多，尤其是学者必须不断写论文，可是又没有多少新的问题可以研究，而后加入的年轻学者更是有着发表论文的压力，也就慢慢地倾向于比拼数理模型的分析技巧，从而背离了做研究的初衷。

笔者的体会是，当在没有很多新的问题可以讨论之时，顶级期刊挑选文章的标准可能就转变为模型分析的严谨性和艰难性了，那些想成为研究型大学学校的学者，必须在顶级期刊上发表文章，而具备分析复杂模型的能力，就成了学者能否发表文章的一张门票。不过，张任宇教授的感受却是，期刊挑选文章的标准是越来越不强调严谨性和研究方法方面的贡献了。无论是笔者的体会还是张任宇教授的体会，都是一个个案，都没有给出统计上的显著性检验分析，究竟在什么条件下什么标准占据主导地位，留给读者自裁吧！

复杂理念存在多种失效方式

在模型假设方面，一方面，学者构思过度，后续就无法深入分析该模型了，相应地，也就得不出什么可靠的结论；另一方面，模型也不能太简单，否则将无法囊括所研究问题的特征。

期刊编辑可能很难为复杂模型寻找到合适的审稿人。虽然一篇文章所涉及的话题宽广不是一件坏事，但是被投稿到期刊后，处理该论文的编辑可能很难为该文找到合适的审稿人，因为这位审稿人需要对所有相关研究领域的问题都有深刻的认识。

柴彩春博士说，曾经看到过一份十几页、有两百多条意见的评审报告。出现上述情况，可能是因为审稿人无法理解所审的论文，只能通过反复地提问，甚至质疑论文的研究背景，或者给出自己关于相关问题的研究视角甚至研究方法来理解论文。尽管来自审稿人的质疑有助于作者提高论文质量，但是当质疑太多时，审稿人可能就无意识地对论文有了更多消极的评价。

复杂模型必须简化，但是要简化到什么程度呢？简化到自己能够解释所观察到的管理现象为止。这就要求学者做理论模型时，不能一直待在书斋里，而必须对真实世界有一定了解。对于初入学术大门的稚子而言，可能刚刚从迷信标准答案的泥潭中拔身而出，却又停留在囫囵吞枣地吸收前人研究结论的阶段，很难立刻获得简洁表达研究问题的领悟力。依笔者的体会，顶级学者与普通学者之间的差别就在于这种简化能力的强弱上，这也使得学者的研究过程存在一些艺术创造的成分。

久物之味，久则可厌；学术之味，越久越深。研究问题的构建，由简渐难是一个量变的过程，而由难化简则是质变的过程，质变需要非常大的能量来保证。学者的领悟力决定了研究在哪停、忽略什么、强调什么，要呈现出什么品质和现象，要给出什么简洁而深刻的理念。

3.4 文改百遍，其义自见

柴彩春博士："常常看到一些学者非常自信，对自己写出来的文章，总是自赞是可以发表在顶级学术期刊上的。但是，我对自己写出来的文章没有那么大的信心，反而，常常觉得文章中到处都是容易被审稿人批评的点。"

嬴豫："对自己的文章太自恋了，可能听不进去他人的批评和建议。但是，对自己的文章太不自信了，也不好，可能令自己没有信心而不愿意努力去继续完善它。"

柴彩春博士："的确如此，常常看着自己写出来的文章，没有再动笔修改下去的勇气。"

嬴豫："对自己写出来的文章，保持适当的热度吧，这样既能接受来自外界的批评，又能够激励自己不断地修改下去。"

其义自见

如切如磋，如琢如磨。
——《诗经》

多数学者不到而立之年博士毕业，之后就要在学术界的擂台上坚守三十年左右，用老话说就是全凭一支笔吃饭。

不存在十全十美的论文，同样也不存在一无是处的论文。用那一支笔写好学术论文的初稿之后，自然少不了对其修剪枝丫、施肥除虫。虽然学术论文的写作未必需要优雅的文笔，但是若能反复修改，呈现行云流水般的文章脉络，不仅会增强论文的可读性，而且当文章交给学术期刊编辑与审稿人“发落”时，就算文章受到了严厉的批评，自己也可以这么想：这是没办法的事，因为已尽人事。

自我修改主线条①

既然写出的文章要拿给人看，就会有压力，有压力的话，就会有动力写好，并且每一位作者都希望自己的作品能够与读者建立起一种想割也割不断的联系。

要想读者对文章产生欲罢不能的情感，作者自己非写得好不可。宋京生教授提及，曾经看过一个采访话剧导演的访谈节目，在事业的起步阶段，导演带着一群演员排了一幕话剧，并且免费送票给听众，却没有人来看。导演开始反思，听众为何不来看呢？这或许是因为即便是免费的票，来看的听众也是要花费自己的时间的。如果导演没有呈现一场完美的话剧，也就是浪费了听众的时间。这对修改论文的启示是，投出去的论文一定要完美，或者至少要做到自己认为的完美，方不会浪费处理稿件的编辑、审稿人的精力。

完美论文所具有的属性是见仁见智的，因而不存在他人普遍认可的完美论文，但是却存在自我认为的完美论文，这些论文都是作者在不断的修改中获得的。刘方教授提及，她常常独坐在咖啡馆修改文章的研究背景部分，写上几段，删掉

① 在学习过程中的自我反思和修改主要表现为对所学课程的反复训练，进一步讨论见 P27《1.4 令教授喜欢的学生》一文。

一些，再写上几段，就这样不断地重复下去，常常一天下来，只写出了几段可以最终用在论文中的句子。

笔者的写作习惯是，先把杂乱无章的想法落实在纸面上，这些纸面上的东西既是自己思考的对象，也是自己思考的工具。不动笔，便想不清楚问题，或是说想不透、想不深；或是想透了后面，前面的已经忘得差不多了。就这样，日复一日，信马由缰，想到哪里就写到哪里，让研究故事即兴推演下去。然而，一方面，信马由缰写出来的初稿可能存在许多前后逻辑不严密的地方；另一方面，写作时很容易迷恋上自己写的东西，总觉得自己写得巧妙。因此，在初稿完成之后，必须将自己变成读者，而且是吹毛求疵的读者，才能有机会看出问题。

在初稿完成后，稍微放上一段时间，笔者便进入第一轮修改。笔者总是从头做一次彻底的改写，进行尺度相当大的整体加工，将上述矛盾的地方逐一化解，改成一个合情合理、前后连贯的故事。有一些要删除，有一些要扩充，再时不时地增加一些新的模型扩展研究。

在修改文稿的过程中，笔者发现不管之前认为自己写得多好，随后也能发现其中有变得更好的余地。所以，只能尽量抛却自豪感和自尊心，让脑袋里的热度适当降下来，但也需不断地自我提醒，不能让热度降得过低，否则自己有可能会失去继续修改的热情。

自我修改细节

第一轮修改工作结束后，笔者会再搁置一段时间，然后进行第二轮修改。一方面，这一次也是大刀阔斧地从头改写，只不过更加注重于细节，仔细地修改。比如，加入一些细致的解释，将乍一读不易理解的部分改写得易于理解，让故事的展开更加流畅自然。另一方面，写文章的目的是要让读者读懂，读得清晰，并且采取各种措施方便读者阅读。因此，笔者会不断地修改文章行进中的因果、递进、转折、并列等关系，恰当地运用连词，试图去发现行文逻辑中可能存在的漏洞，使得观点表达得更有层次、更加明确。

第二轮修改工作结束后，再稍事休息，然后着手第三轮修改。在这一阶段，重要的是看文章中有哪些部分的螺丝需要牢牢拧紧一些，哪些部分的螺丝应当稍稍拧松一些。顶级学术期刊上的文章是篇幅很长的故事，如果把每部分的螺丝都拧得紧绷绷的，读者会喘不过气来。时不时地在某些地方让文章松弛下来很重要，这就需要掌握其间的诀窍，调节好整体与细节之间的平衡。

到了这里，笔者会给自己“放个假”：尽量忘掉还有这篇文章的存在。将文章安安静静地放在办公室的书桌上，空气穿流而过，令其内部牢牢地凝固。文章若不好好地被“养护”，就会出现没有干透的易碎品或内部组织不均匀的东西。像这样将文章好好养护一番后，再次开始彻底修改细微的部分。这时之前未能发现的缺点，也能清清楚楚地显现出来，文章有没有深度也可以辨别了。

无论是自我修改主线条，还是自我修改细节，都是一个自我认知的过程，有助于客观地认识自己所写文章的长处与不足。这样的反思过程类似于一位即将开始一场恋爱的人，他或她需要明确处在婚恋市场中的自己具有什么与众不同之处，又有哪些需要改善的地方。

文章的修改过程，归根结底就是要突破自己的极限。修改要进行多少次？无数次吧！作者总是可以花费更多时间把一篇论文修改得更好，但是修改的幅度会越来越小，很多作者会把论文改到差不多能够发表的程度，就停下来自我的修改工作，接下来，便可以进入征询他人建议的阶段了。

获得学生或同事的建议

发文章的目的是告之他人自己的研究成果。因此，对于一篇文章，自己做了多次修改，得到了充分养护之后，接下来就是收集他人的意见了。

当局者迷，旁观者清。刚刚修改完文章的学者无一例外，各个热血冲头，丧失了理智，不过得有所自觉，明白自己在某种程度上丧失了理智。而对于丧失理智的人来说，来自头脑清晰的人的意见大概都很重要。他们的意见就代表着未来的读者，而评审自己文章的人终究是那些读者。如果你打算无视他们，他们同样也会无视你。

请学生或同事审稿的有利之处在于，可以当面直言论辩，将来期刊的审稿人毕竟是外人，不可能当面好言相告。然而，若问笔者对学生或同事的意见是否囫囵吞枣，全部接受，其实也未必。毕竟刚呕心沥血写完了一篇文章，虽说经过养护多少冷却下来，但脑袋里还充满热血呢，一听到批评的话，不免就会据理力争。具体而言，来自学生或同事的批评，有些让笔者觉得的确如此，说不定还真是这样，有时候要花上几天时间才能达成这样的认识。当然，也有些让笔者觉得不对，岂有此理，还是自己的想法对。

不过，在这样引入他人的建议的过程中，人家所挑剔的地方，无论如何笔者一定会修改。即便不能接受那种批评，但只要人家提出了意见，笔者就会把那个地方从头写一遍。在不同意那种意见时，笔者甚至还会往与对方的忠告完全相反的方向改写。

获得同行的建议①

每个人的时间都是有限的，若是把待正式投稿的学术论文发给同行征求建议，他人可能会隔了很久才回复一些意见。若论文的作者希望获得及时、丰富的意见，那么作者或是带着论文到其他学校去做学术报告，收集问题；或是把论文放在自己的大脑中，随时准备与同行展开讨论。蒋炜教授曾临时顺访笔者所在的学院，他与笔者的同事在会议室随意交谈期间，笔者的一位同事临时问他能否给做一次学术报告，他当下就从口袋里拿出一个存储盘，插在旁边的电脑上，立刻开讲。这让笔者学到的一点是，出门一定要穿有口袋的衣服，口袋里一定要放个存储盘，要随时把自己的想法书面化，分享给朋友。

笔者曾经做了一个有关碳排放的研究，有一段时间在苦苦思考研究结论的解释与定位。在香港参加完一次学术会议之后，从香港离开到深圳的地铁车厢中，笔者偶遇了厦门大学的蓝永泉教授。同行见面，大抵最为常见的打招呼方式是：最近在做什么？笔者就向蓝永泉教授提到了正在做的关于碳排放的研究工作，巧合的是，这个研究话题也是他所关注的，于是，在长达 1 个小时的地铁路途中，我们的聊天内容从关于碳排放的国内外政策，到研究结论的解释方式，笔者获得了很多有趣和有价值的建议。

获得各方建议后，定下心来再做修改。方向姑且不论，重读修改的几处，差不多每次都发现改得好过从前。此后，才将稿件投稿到期刊，到了这个时候，大

① 此处“获得同行建议”，是指在学者在投稿之前，主动征询同行的建议。当学者投稿之后，会收到来自同行的匿名评审意见，进一步讨论见 P197《5.5 理解同行评议制度》一文。

脑的过热状态已经得到一些缓解，自我感觉能够冷静客观地应对编辑的批评了。纵然如此，每当笔者和同行聊起和各期刊编辑的交锋时刻，那时依然是情感战胜了理智。

论文发表后，会收到他人的反馈，或是褒奖或是批评，面对褒奖不要沾沾自喜，面对批评也要不为所动，当作耳旁风即可。对于这些评论，要是一一放在心上的话，身体会吃不消的。同时，批评多了也不必不开心，说明你的研究是受到关注的。不过，在写作和审稿过程中，对于来自身边的批评和忠告，必须虚心谦逊地洗耳恭听。

无论是来自学生或同事的建议，还是来自校外同行的建议，都有助于学者自我与外界建立起正反馈系统：有则改之，无则加勉。唯有如此，方能令他人心悦诚服地接受自己的研究工作。

一篇优秀的论文，主要是作者自我反思的产物，与他人观点相磨合有助于完善论文。这类似于爱情，幸福的爱情是双方共同努力的结果，优秀的论文与之不同之处，可能在于论文作者的贡献占绝对比例，而他人的贡献相对较少一些；而不幸的爱情双方均有责任，糟糕的论文与之不同的地方，可能在于是论文的作者没有将文章写清楚，而不是审稿人没有读懂论文。

修改出独特的行文风格[①]

学术写作风格大致可以分为三类：第一类是宣称式的写作风格，简洁直白，具有权威性，不容置疑；第二类是平淡洗练式的写作风格，娓娓道来，看似平淡，实则不动声色，读下来文章气韵深入骨髓；第三类写作风格渗透了个人的性情、机智或魅力，多采用形容词、语气词，初看犹如一幅印象派画作，既扑朔迷离，难以凝目注视，又给人以巨大的想象空间，令读者时常茫然不知身在何处，但也可能会巧遇别有洞天的惊喜。

从成长角度来看，写作风格可能会随人生成长的不同阶段发生变化。年轻的时候，可能采用宣称式的写作风格，大约这个阶段年少气盛，容易接受这种风格。在人生旅程积累了经验感受、有了主见后，会感到这种不容置疑的口吻不太舒服，

① 对于一名学者而言，所写的论文能够呈现出独特的行文风格，这也是具有研究特色的一种表现形式。关于学者具有研究特色的进一步讨论见P167《5.1 具有研究特色》一文。

更容易接受那种心平气和的讨论。

笔者曾邀请周晶教授校读一本笔者要出版的书稿，周晶教授提到行文中的一些语气过于肯定了，建议柔和一些，不要那么绝对。想必，这是因为当时的笔者年轻气盛而下笔略重了吧！现在，笔者再读那本出版的书稿，不免产生悔己少作的心境。不过，笔者也会自我宽慰："那一段经历中的文字恰恰构成了完整的自己，也见证了自己的成长过程。"于是，顿生一种已尽人事的感觉，也就释然了。

其义自见[①]

其义自见是一种什么状态呢？姜宝军教授提到，论文行文的流畅度，要达到审稿人即使在很累、很困的情况下，也能够轻易地读懂，也就是说，不要让审稿人宁愿把文章扔在一边而改去喝个小酒。

对于一个研究选题，若学者一次写不到位，其中的原因可能是没有深刻地理解它。具体而言，第一次描述一个研究选题时，会初步形成一种印象，这种印象能够部分地被自己现有的领悟力掌控。当再次修改的时候，因为情景改变，此时在记忆库中可能会发现之前未注意到的知识和分析逻辑，利用这些新发现对已形成的印象或者说大脑自动建立的模型进行修改，当这些修改用在自己所关注的领域知识时，效果尤其显著。

通过不断地修改论文，对自己的研究工作便会越加清楚和越加有自信了。所谓君子求诸己[②]，研究工作中的核心贡献，已然到达了其义自见的状态，从而能够呈现出自我研究特色。

论文的修改过程体现了作者的不断反思。这样看来，做学问的人似乎有更加宽广的气度与胸襟，更能容纳很多不同的意见，并将这些意见融入自己的论文中。并且，由于孕育出一篇论文要拉出一条很长的战线，所以还要采取欲擒故纵的策略，时时记着它，也要防止自己一门心思扑在它身上。如果每完成一篇文章都能体会到突破极限的快感，那么学术研究应该是最具有成就感的一项职业了！

---

① 关于学者具有研究特色的进一步讨论见P167《5.1 具有研究特色》一文。

② "君子求诸己，小人求诸人"，出自《论语·卫灵公》。

3.5 做学术报告[①]

赢豫："我之前在一所学校做学术报告，一位听众说，虽然他不做与我所讲的研究主题相关的研究，但是他听懂我的报告基本内容和逻辑了。我觉得，没有耽误听众的时间，很好。"

丁和根教授："这是基本的要求，最好是要让听的人说，尽管我不研究这个，但听了很受启发。"

赢豫："有时，做完报告的感觉是，听众说听懂了，但是听众听懂的点和我报告所要传递的点有所不同。"

丁和根教授："这是正常的，有一千个观众，就有一千个哈姆雷特。科学讲究统一性，但实际上很难统一，每个人都有自己的认知框架和知识背景，想让听者做到与说者的完全统一，也几乎是不太可能的。"

① 关于做学术报告之前的准备工作的进一步讨论见 P183《5.3 准备学术报告》一文。

图言吾心

言近而指远者，善言也；守约而施博者，善道也。

——《孟子·尽心下》

在小朋友没有学会写字时，他们会用画图的形式来记录自己的所看所想。在学术研究中，以最直观的视觉特性，把自己潜心研究出的结果呈现给读者，是帮助他人理解研究选题的一种简化手段。

韩寒[①]先是以作家的身份出道，在创作一系列畅销书之后，又去拍了两部电影《后会无期》[②]与《乘风破浪》[③]。一些人觉得韩寒在转行，不过笔者认为，韩寒只不过是想将那些隐藏在文字中的思想用“视觉”和“听觉”方式表达出来而已。

具有趣味性[④]

报告的开场白蕴含着起决定性作用的细节，它会给出有关研究假设的实践背景，这些细节能够让听众在第一时间把握研究的重要性。[⑤]

引人入胜的开场方式可以是以故事开场，让研究背景中的故事和研究内容密切相关，试图让听众跟着报告人重新经历当时的场景；也可以是以震撼人心的事实开场，从而冲击听众的固有思维，吸引听众屏息静气地等待报告人解释其中的奥秘；还可以是以有影响力的问题开场，报告人通过使用“为什么”这类问题，激发起听众与生俱来的好奇心（Donovan，2014）。

---

① 韩寒（1982 年 9 月—　），上海人，作家、导演、职业赛车手。

② 电影《后会无期》2014 年上映，导演韩寒。

③ 电影《乘风破浪》2017 年上映，由韩寒执导兼编剧。

④ 具有趣味性的研究选题多数是因为报告人是基于自己的兴趣而去做该选题的，关于好的研究选题的特征的进一步讨论见 P53《2.2 为有源头活水来》一文。

⑤ 关于如何做报告，可参考：Asher J. 2006. Even a Geek can Speak.USA，Persuasive Speaker Press.

简洁地表达①

报告内容的要点不在于是否全面。时间短，报告人最容易犯的错误就是害怕丢掉每一个细节，结果胡子眉毛一把抓，导致听众处于雾里看花的状态。学术会议中报告的听众背景多样，成功的学术报告应该是让听众得到几条能够带回家的信息。报告过后，听众脑海里应该形成一个像摘要一样的清晰脉络。

报告人不要太冲动，不要一心想把所有的东西都纳入一个短短的演讲中。相反，一定要在演讲前提炼出一个核心结论，抓住了这个核心后，每一张幻灯片之间就能自然、合理地过渡；若结论过于复杂，可以先讲结论，然后告诉听众你是怎么得出这个结论的。报告的要点需要局限在可以被解释清楚的范围内，报告内容应当深入细化，而报告要点应越少越好。另外，如果某些烦琐的细节非常关键，比如，一些理论背景、公式推导，那么一定要清楚地给出管理建议，而不是以具体的公式来呈现。

报告内容应依从对“那又怎样”的追问的逻辑。报告人在准备报告内容的时候，不是一段接一段地写成工作总结，而是要写成一个流畅的故事：陈述问题，突出回答“那又怎样”，概述研究主张和主要理由，综述大部分重要证据。要关心的是为什么有人愿意聆听你的报告。你的目的是提出自己的研究问题并回答听众关于“那又怎样”的问题，所以要把重点放在你的主张如何能够对所在领域的研究有贡献，尤其是有什么新的和有争议的地方。

报告人可以通过一些准则来提高报告的质量。第一，对所有出现的术语、结论都要给出解释。第二，不要让听众看到他们现在不需要看到的东西，以帮他们理清思考逻辑。第三，演讲材料中若要放入数学公式，只放相应的结论，而不放相应的推导过程。这是因为懂的自然懂，不懂的也不可能看一下演讲材料就懂。第四，研究结论清晰。听众开会一天可能会听到十多场报告，要保证累了一天的听众还能记住报告人所报告的结论。

① 报告人能够做到简洁地论述研究选题，可能是基于其所写出的论文行文简洁，并且研究理念可以由繁及简，进一步讨论见 P93《3.2 行文简洁》和 P99《3.3 由繁及简的理念》两文。报告内容应依从对“那又怎样”的追问的逻辑的本质，是报告人对所研究的选题持有好奇心，进一步讨论见 P135《4.2 持好奇心》一文。

图形化呈现结论①

虽然学者有了抽象思维的锻炼后，开始懂得使用文字等符号，提高了信息传递的效率和准确性，但文字传达信息的抽象性导致其不具备图形传达信息的优点——简洁、明了，引人注意。毋庸置疑，对于多数人而言，相对于看文字，可能更喜欢看图画，这是因为无论多复杂的研究结论，如果学者能够用图画方式展现给他人，他人即便是对该研究结论的推理过程一无所知，也能在直觉层面对该研究结论所带来的启示有所感悟。

如何选择合适的图形框架，取决于要说明的对象是什么。若是要表达数量的多少，就采用图表形式；若是要表达各对象的关系，就采用关联图形式；若是要表达随时间变化的决策变化，就采用时间轴的形式。刘乐行同学在研究轮滑运动影响幼儿初学者身体素质及自控力的过程中，为了直观地表达幼儿初学者练习轮滑前后身体素质的变化，采用半圆形指针图形式，说明幼儿初学者在立定跳远、十米折返跑及双腿连续跳三个方面的情况，并与评价标准体系相对应，给出了直观且准确的评价。

除此之外，还可以用到手绘图和示意图，主要是突出重点，忽视不相关结构，这一点非常重要。姜宝军教授提及，学术研究的探索过程类似于在沙漠中搜寻可能存在的一片绿洲，当作者要把所搜寻到的那片绿洲呈现给读者或听众之时，并不需要去呈现一个搜寻那片绿洲的全景图，而是要用放大镜去呈现接近绿洲时的搜索过程及其中所蕴含的实践意义。

图画是表达研究结论最有效的方式。好的图表可以把获得的结果迅速、准确地传达给同行，这远比读文字要快。对于同行来说，一方面他们所处的领域飞速发展；另一方面他们又缺乏足够的时间追踪研究进展，因此，如果论文的作者能迅速地把自己的研究结论传递给同行，他们自然会感激不尽。

笔者曾经参加一次学术会议，其中一位会议报告人的演讲幻灯片展示的是大篇幅的文字，让台下听众不得不把注意力放在读文字上，这时报告人口头要说的内容就被阻隔在台下听众的耳朵之外了。整个报告听下来，听众身心疲惫而且全然不记得报告人口头所表达的主题；若报告人展示的是一张张图片，听众会比较

① 图形化呈现结论的能力不仅是在学术界工作所需要的能力，在工业界工作也需要这种能力，关于学术界和工业界对人的能力的要求差异的进一步讨论见 P223《6.4 进与退学术界》一文。

容易接近报告人所要表达的基本思想，整个听报告的过程，也会令人感觉轻松而有趣。

还是在前述提及的那次学术会议上，现在回想起来，笔者能记起一位报告人所展示的一张薯条的图片，对了！这个报告的主题是关于消费非健康食品的时间不一致性行为研究，笔者还能清晰地回想起报告人为什么要研究，因为报告人展现了一张有关美国人肥胖的数据图，说明了非健康食品对人体的危害。笔者也能够记起报告人的研究模型的逻辑，这是因为报告人把所报告论文中的所有假设都在一张图片中表达出来。坐在笔者身旁的一位教授在看到那张薯条图片时，情不自禁地犯馋了，又看看自己略显臃肿的身材，感同身受，觉得报告人的研究工作非常有价值。

一图胜千言，但不是说图片就代表了全部，任何类型的图片在没有任何说明文字的情况下，都很难携带明确的信息、传达一定的意义和激发听者提出深刻的见解。合理的解释使图画比孤零零的文字更能快速、有效地引入观点。

实例化佐证结论

人类的大脑喜欢简单、精练的内容，过于烦琐会让听众有倦怠感，所以报告人要让自己的演讲变得精练。人们很容易被言语的优美蒙蔽而看不到真理，只有用最简洁的表达去做报告，才能把核心的东西展示给他人。若 20 分钟的时间用于阅读论文，这意味着只能读 10 页左右的论文。因此，必须将研究归纳成短小精悍，且能充分代表值得传播的观点的句子，并用实例加以佐证，放在报告内容中；报告人通过至少将内容重复说三次的方式，便能让这些话植根于听众的脑海之中。

同时，要利用特定的例子来令自己的观点丰满起来。所以要尽量将演讲的范围控制在能够解释的限度之内，然后用生动的例子，对更多的细节在有限的时间里进行讲述。

学者有个好的研究选题，之后能够借助质朴的语言和简洁的模型写出文章，并能做一场具有趣味性、通俗化、图形化和实例化的学术报告，是完成一项学术研究的必备技能。

第四阶　学者之性

即便学术工作再忙，学者也需坚持锻炼身体，具备一些体育精神，方可心随身变，自我成长。

即便身处陋室，学者也需具备好奇心，拥有广阔的思维空间。

即便需要在学术峰会上舌战群儒，学者也需常在独处中苦心孤诣，享受与自我的对话。

即便总是需要在前人研究的基础上工作，学者也需持一种质疑的眼光审视自己与他人的研究工作。

即便学术的征途再漫长、再辛苦，学者也需要具备可闲着的心境，从而获取一种持久的学术生命力。

学者可能会具有上述的品质吧！

4.1 具备体育精神

嬴豫：“打球时，需要具备的最重要精神是什么？”

沈乐群老师：“求胜。对方发过来的每一个球，都应该拼尽全力去接。日积月累，就能够接到越来越多的球、越来越难接的球。这样，才会慢慢地进步。”

嬴豫：“如何循序渐进地培养求胜的精神？”

沈乐群老师：“在一个打球的回合中，每多接到一个球，都是对身体和心理的积极奖励，越多的积极奖励越会形成一个正反馈系统，从而激发你回击更多的球。”

欢呼（朱颖弢）[①]

① 本插图原画为油画《欢呼》，作者朱颖弢。该画于 2015 年 11 月入选“2015 中国体育文化博览会美术作品展览”，后被江苏省发展体育基金会收藏。

质胜文则野，文胜质则史。

文质彬彬，然后君子。

——《论语》

孔子强调的是内外兼修，身心和谐，身与心的发展不可偏废。孔子所说的“质”，就是人本身的朴素本质，包括人的体格，而“文”就是一个人各方面积累起来的知识素养由内而外的表现。一个人如果质多文少，就好像野蛮人一样，显得粗鄙；反过来说，一个人如果文多质少，就显得虚弱酸腐了。一个既有内在的文化修养又有健康的外在风貌的人，才是孔子心目中完美的君子。

在日复一日的体育运动中养成的自律精神，对于在繁琐的学术研究中保持高效的工作节奏，有着重要的促进作用。学者要对案枯坐、集中心力，这需要的是求胜心、无惧失败、专注力和对潜在竞争者的尊重等品质。那么学者该如何保证对案枯坐时的心力呢？最简单的做法是养足基础体力，让身体站在自己这边，成为“友军”。村上春树在日复一日的写作过程中，为了保持持久的写作能力，三十年如一日地坚持每日跑步，跑步中产生的极其细微又稍纵即逝的想法都被他一一捕获，毫不含糊地写在了纸上。为此，他还写了一本书——《当我谈跑步时我谈些什么》（村上春树，2015）。

完全人格，首在体育

一个人只有身心协调发展，方有更大的可能实现抱负，而这一切的基础便是健康的身体。有些人认为，学者的工作无非是坐在书桌面前写字、备课，大概跟体力活动没有什么关系，只要有那么点敲击电脑键盘的指力，不就绰绰有余了吗？实际上，学者要每天六七个小时枯坐在书桌面前，孑然一身面对电脑显示屏，集中心力、搭建研究框架，这需要非同寻常的体力。李建斌教授给笔者分享他的学术团队建设的经验之一是，每周四雷打不动地组织羽毛球运动，希望学生胖的变瘦，瘦的变壮，从而有充沛的精力投入到繁重的学术活动中。

孔子具有极佳的体力，他周游列国时已经 55 岁[①]，天天坐在木轮马车上，一直颠簸到 68 岁才回家[②]，若身体不好，恐怕早就无法承受了。无独有偶，很多颇有成就的学术大家也是健身达人。体操运动员出身的沈乐群老师提及，刚工作时，打球时总会遇到一位年约六旬的教授，在一起打球，难免会有碰擦，有一日身手矫健的他将这位教授重重地碰倒在地，这时熟知他与这位教授的同事连忙走过来，向他解释道："这位教授是学校的校长，因年龄缘故，请你多承让。"多年后，当笔者向沈乐群老师请教有哪些身心协调发展的榜样时，他便首先提到了这位教授——曾任南京大学校长的蒋树声[③]。

健康的身体主要通过体育获得，但是体育却不仅仅提供身体方面的锻炼，还能提供心理方面的锻炼。体育的核心是挑战自我、超越自我。一个人在体育中，学会赢，也学会输；学会领导，也学会被领导；学会发扬自我，也学会做团队的一员；学会何时去奋争，也学会何时去承认失败。

完全人格，首在体育，知易行难。周而复始，坚持锻炼的理由只有一个，但是不去锻炼的理由却有千万个。笔者曾参加丁和根教授负责组织的一次大型学术会议，在多天烦琐的会务和高强度的学术活动后，他依然能保持良好的精神状态。笔者事后方了解到，在丁和根教授心中，学术和体育的重要性各占 50%，这并非是指两者在时间分配上的占比，而是指两者在个人发展中的战略性意义。唯有如此，才能胜任高强度、快节奏的工作吧！

求胜

在体育锻炼过程中，需获得的最重要的精神之一是求胜。求胜的本质是将每一件事都要做到尽可能地完美。

体育精神要求人们具有坚忍不拔的进取精神和克服一切困难的英雄气概。休

① 《史记・孔子世家》："定公十四年，孔子年五十六……齐陈女乐文马于鲁城南高门外，季桓子微服往观再三，将受，（子）乃于鲁君为周道游。古人年龄多计虚岁……"

② 《史记・孔子世家》："孔子之去鲁凡十四岁而反乎鲁。"

③ 蒋树声（1940 年 4 月—　），江苏无锡人，1997—2006 年任南京大学校长。

斯敦火箭队[1]主帅鲁迪·汤姆贾诺维奇[2]率领球队成功反败为胜，淘汰太阳队进入分区决赛，便体现了这种精神。随后，他说道：永远不要低估一颗争夺冠军的心。这就体现了体育精神的核心——求胜精神。在篮球运动中，正是因为这种精神，运动员方能以全面持久的日常训练为基础，在执行任务的过程中始终保持精力集中的状态，也正是因为这种精神，运动员才更有集体荣誉感，才会坚决服从命令，才明白如何将有限的资源通过分配达到效率的最大化。

当遇见不可抗力时，一个人尽管拥有求胜心态，也可能达不到最初设定的目标，尽管如此，笔者认为还是要设定一个远大的目标，万一达不到，起码还可以退一步。在做研究的过程中，学者可能会同时做多个研究选题，若关于这些研究选题的论文都打算在顶级期刊上发表，那么自己的目标就是要做达到顶级期刊要求的研究。

学者生活中总会有预想不到的事情发生，比如，身体不好了，家里发生变故等，这样就会导致无法兼顾论文的研究品质，很可能论文最后会落到稍差些的期刊上去了。然而，若自己的目标一开始就设定在稍差些的期刊上，那么论文最后会落到哪里去呢？不可想象。恰如《易经》所云：“取法乎上，仅得其中；取法乎中，仅得其下。”并且，论文投稿到顶级期刊上后，即便被拒稿，也可以获得一些有价值的反馈意见，将论文修改后再投到稍差些的期刊上，也能提高论文的质量和被接受率。校读书稿到此的唐讴教授点评道：“格局可以再大一些，学者应该先有一个生活目标，再确定一个学术事业目标。”

再退一步讲，求胜心只是表现为不放弃。对行进在学术研究道路上的学者而言，智商也许很重要，勤奋也许也很重要，但是中途发觉自己“不合适”，退出学术界的更多。在这样一个淘汰惨烈的环境里，不放弃的求胜心反而可能是最重要的品质。

无惧失败

刘乐行同学曾观看一部电影《一念无明》[3]，该电影描绘了一位因频繁遭受

① 休斯敦火箭队成立于 1967 年，并在 1967—1968 年赛季加盟美国男篮职业联赛 NBA，是一支属于美国得克萨斯州休斯敦市的职业篮球队，是 NBA 西部联盟西南区的一部分。

② 鲁迪·汤姆贾诺维奇（Rudy Tomjanovich，1948 年 11 月—　），生于美国密歇根州哈姆川克，美国前职业篮球运动员，作为教练的他曾执教休斯顿火箭队和洛杉矶湖人队等队。

③ 电影《一念无明》，2017 年上映，导演黄进。

来自生活的失败而患上抑郁症患者的内心世界。观影后，运动员出身的刘乐行同学说，看这部电影时，连爆米花都吃不下去，无法与影片中人物的情感产生共鸣。一些运动员会参加很多大型赛事，成功与失败参半，也就习惯了失败。况且，多数时候，奖牌只有三块，而参赛人众多，只有少数人会有成功的感受，而多数人只有失败的经历。

失败不起的运动员，不仅会采取攻击对手的行为，还有可能将现阶段的失败带入到下一阶段的竞技运动中，将自己打倒。

失败得起的运动员可以通过自我对抗，释放失败的负面情绪。譬如，刚刚经历失败的羽毛球运动员，对自己的竞技状态比较懊恼，他在球场通过摔拍子的方式释放对自我的懊恼，从而保持高水平的竞技状态。不过，唐讴教授认为，这种摔拍子的行为并不好，一些优秀运动员在遭受失败的时候依然举止优雅，表面上是所谓的文质彬彬，实质上应该是对体育精神有更深层次的理解吧！

学者若失败得起，那也就无惧失败；若无惧失败，便会敢于创新，释放自己的好奇心，尝试一些新的研究选题。笔者对一些每科都拿第一名的传统好学生，最放心不下。总拿第一的好学生，可能没有放胆去做更重要、更有价值的事情，因为只有通过犯错与创新，才有可能去做更重要、更有价值的事情。

在学术研究过程中，难免会遭遇各类失败，学者可以通过适当地闲着，如看电影、阅读小说、参加体育运动等，从而释放失败带来的挫败感。

能坚持①

体育运动比较枯燥，如跑步，不过就是同样动作的不断重复，运动员常常会感受到肌肉的酸痛、呼吸的困难及身体的疲惫。但是，体育运动也不是什么三天打鱼两天晒网、闲闲散散的事情，运动员是非常自律的，在日复一日且枯燥、单调的训练过程中，不断地触及自己身体的极限并突破，渐渐地，就能够于简单的、重复的、烦琐的日常中发现乐趣，感受自身的成长，自然而然地形成强大的自我控制能力。

叶勋垒同学曾经做过职业游泳运动员，他回忆了自己在体校训练的一天：每天 7 点起床，8 点下水训练，一直到 11 点半；中午稍事休息后，要从下午 2 点一

① 能坚持的学者多数也能独处，进一步讨论见 P143《4.3 能独处》一文。

直训练到下午 6 点左右，晚上修读一些文化课程。这样的生活方式，他坚持了多年，凭借过硬的身体素质成为国家一级运动员，又凭借过硬的文化课成绩进入南京大学继续深造。

身心协调发展的张峻栋博士分享道："无论做什么事情，每天坚持做一点，就会比前一天多积累一点，多进步一点，哪怕再小，成年累月也很可观了。比如，每天阅读文献、非专业类书籍、媒体报告，或是运动锻炼，就是一个人内外提升的过程，而非结果。拿健身减脂来说，我很反对动不动几十天瘦身塑形之类的宣传，乍一看很励志，但一旦短期内看不到多大成果，人就会沮丧放弃。所以，我更愿意把它培养成一种生活方式和生活态度，一个漫长的、可以一点点享受进步的过程。"

叶勋垒同学和张峻栋博士能够在体育训练中坚持，持续改善自我身体素质，当他们将这样的体育精神移植到学习领域时，也能够实现自我激励，不断提高研究的质量。笔者未曾有过类似的专业体育训练经历，不过日常中尽量规律性地用打羽毛球的方式锻炼，不过若要出去调研、参加学术会议，是没有办法打羽毛球的。笔者曾被称赞身体素质强，能够坚持锻炼。其实，并非笔者的身体素质有多强，只是尽量坚持而已。源于内心的自我坚持，或许会对笔者的研究工作有所帮助吧！当笔者与尹淑娅教授谈及这样的体会时，令她回忆起攻读博士学位的那段岁月，在研究遇到挑战之时，是中国女排的拼搏精神鼓励、陪伴着她。

在学术之路上遇到困难，是否总要坚持下去呢？唐讴教授言："人们通常鼓励坚持，然而，有时候放弃也是一种选择，更需要智慧。"这让笔者想到刘邦，被项羽打败无数次，每次都选择逃亡，谋求东山再起。反观项羽，面对战败，他惨笑曰："纵江东父兄怜而王我，我何面目见之？纵彼不言，籍独不愧于心乎？"最终项羽在乌江边自刎身亡。

可专注

学术研究虽然不如看美剧、逛街等休闲娱乐活动有趣，但比起每天挥汗如雨的体育活动来说可能还是有趣一点的。不过，虽然有那么一些趣味，倘若学者缺乏专注力，不懂得约束自己，也很容易随波逐流，迷失自己。也就是说，缺乏专注力的学者可能无法在学术界长久生存下去，毕竟外界的各类诱惑太多。陈剑教授颇为感叹地言及，学者本应坚守在清净的书桌前，而要拒绝一些当下的及时享受与诱惑；然而，在漫漫的学术道路中，寻找全局最优解，知易行难，局部最优解却能带来当下的快乐，也就是说，即便一些学者知道全局最优解，也可能无法抗拒局部最优解的诱惑；那些在学术擂台上十几年如一日坚守的学者必有一种专注力，方可守得住一方安静的书桌。

在学术界的擂台上坚守 30 余年的宋京生教授回忆起自己的早期学术生涯，与笔者分享到，在做饭和照顾年幼的孩子时，她都在思考着正在进行的研究选题。虽然从表面上看来一天的时间被分割成了学术型和非学术型的多个片段，但是从本质上而言，她在这一天内都是处在不间断的思考过程中。依笔者理解，宋京生教授之所以能够如此专注，或源于她对所研究选题具有强烈的好奇心。

除了源于内心的强烈好奇心，还有何种外在方式能帮助学者提高自己的专注力呢？参加体育运动或可以培养专注力。张峻栋博士在攻读博士学位期间，过着一种简单的生活：练好身体、做好研究和照顾好家人。他说自己在练习每一个运动动作时，都是心无旁骛地思考动作要领，力求做到持续改善；半小时专注地锻炼比两个小时心不在焉地锻炼效果强很多，更不用提还可以省出时间做其他事。唯有专注力强的学者，才能理清楚研究生活中的细枝末节，让其各安其位，稳当妥帖，串联起井然有序又自在轻盈的学术人生。

尊敬对手[①]

常言道：“友谊第一，比赛第二。”在赛场上，运动员是针锋相对的竞争对手，但在赛场之下则是惺惺相惜的好朋友。在泳坛，傅园慧[②]在参加完奥运会游泳比赛后，说道：鬼才知道我这几个月经历了什么，训练简直生不如死！笔者想，只有她的竞争对手才真正知道她能做到现在这一步到底付出了多少。在羽毛球的赛场上，林丹[③]与李宗伟[④]既是惺惺相惜的对手，也是最懂彼此的朋友。

在竞技性质的体育比赛中，有些运动员过于看重位次和名誉，甚至为此而不

① 关于在学术界尊敬对手的进一步讨论见 P229《6.5 勿触学术不端红线》一文。

② 傅园慧（1996 年 1 月— ），浙江杭州人，游泳运动员。

③ 林丹（1983 年 10 月— ），福建龙岩人，羽毛球单打运动员。他是羽毛球运动历史上第一位集奥运会冠军、世锦赛冠军、世界杯冠军、亚运会冠军、亚锦赛冠军、全英赛冠军及多项世界羽联超级系列赛冠军于一身的全满贯球员。

④ 李宗伟（1982 年 10 月— ），生于马来西亚槟城州，羽毛球单打运动员。

择手段。不尊重他人行为的主要方式之一，是服用兴奋剂。袁伟民[①]在《袁伟民与体坛风云》一书中披露（远山，2009），2000 年，悉尼奥运会开幕前 1 个月，中国国家体育总局对各运动员进行药检，其中某田径队获奥运参赛资格的 7 名运动员中，2 人尿检呈阳性、4 人血检超标，证实共 6 人服用了兴奋剂或有强烈的服用禁药嫌疑，遂即解除该队伍奥运会参赛资格。

将尊敬对手的精神具象化，就是尊敬劳动成果的精神。2014 年彭帅[②]杀进大满贯美国网球公开赛半决赛，当时彭帅因为伤病，在场上抽筋，泪流满面，最终被轮椅推出场外。她的对手前世界第一的选手卡洛琳·沃兹尼亚奇[③]具有丰富的参赛经验，对于对手受伤的情况司空见惯，但在看到彭帅掩面哭泣时，她也哭了。

在学术界同样如此，真正的学者对他人的遭遇能感同身受，对他人的成功也会发自内心地鼓掌。在电影《美丽心灵》[④]中，主人公约翰·纳什[⑤]获得诺贝尔奖之后，一群数学家在会议厅里纷纷向他献上钢笔，作为一种致敬的方式。这个场景虽然是电影导演虚构出来的，但也不失为一种向学术圈中同行的研究成果表达尊敬和认同的方式。

在学术界，笔者经常能看到一些学术不端行为，以及借鉴了他人文章却并未将其列入参考文献等一系列不尊重他人劳动成果的行为。葛冬冬教授看着修课学生交来的课程大作业，不由地叹息，按照他当年在斯坦福大学读书时老师的教导，若引用他人文献中六个连续单词就要进行文献标注的要求看，那么这些课程大作业多数都可以被判为抄袭之作了。

在体育运动领域，运动员希望每天训练所付出的汗水都有圆满的收获，但是不可能所有运动员都在国际性赛事中斩获奖牌。如同在学术研究领域一样，在顶级学术期刊发表自己的研究文章，是对自己曾经付出的最大褒奖，但是顶级学术期刊的发表空间有限，并非学者的每一项研究成果都能够被发表。若不是为了功

① 袁伟民（1939 年 7 月—　），江苏苏州人，中国前排球运动员、前中国女排主教练，国家体育总局前局长。

② 彭帅（1986 年 1 月—　），湖南湘潭人，网球运动员。

③ 卡洛琳·沃兹尼亚奇（Caroline Wozniacki，1990 年 7 月—　），丹麦籍波兰裔女子网球运动员。

④ 电影《美丽心灵》，2001 年上映。影片主人公是一位患有精神分裂症但却在博弈论和微分几何学领域潜心研究，最终获得诺贝尔经济学奖的数学家约翰·纳什。

⑤ 约翰·纳什（John Forbes Nash，Jr.，1928 年 6 月—2015 年 5 月），普林斯顿大学数学系教授，经济学家，博弈论创始人。

名利禄，而是真正地热爱研究项目，那么学者在学术研究的过程中，会尊敬同样热爱这个项目的同行。

真正的体育精神是通过运动加深对学术的理解和热爱。现实中，有些学者会喜欢体育运动，有些学者可能还不知道自己喜欢体育运动。若学者能够主动开发自身的体育运动精神，那么在一项项艰苦的、清净的、孤独的学术工作中，会将一个个阶段的小目标当作自己可以击败的对手，从而竭尽全力、不受外部环境干扰地去实现它。

4.2 持好奇心

宋京生教授："在阅读《决策的基因》[①]过程中，常常会不同意书中的观点，或者去反问自己如果这个观点正确，那又怎样？"

李娟："您是用审顶级期刊论文的标准在读书稿，希望从中能够获得有价值的反馈。"

宋京生教授："在阅读《决策的基因》的过程中，我常常想去问你，所涉及的关键词的定义是什么？所主张的观点是来自你的亲身经历？我没有类似经历，就常常不赞同你的所言。书中的观点哪些是你在前人基础上的研究贡献？各篇章之间的逻辑关系是什么？关于行为因素的分析，哪些是非常重要的，对拟研究的领域中的问题是关键性影响因素吗？如何将其用到运作管理研究领域中？"

李娟："您问了写作《决策的基因》的好奇心是什么，其实我在下笔写的时候，没有想这么多，只是依据当下感觉，信马由缰地写下。"

① 李娟. 2017. 决策的基因.北京：科学出版社.

赤子心

小时不识月，呼作白玉盘。

又疑瑶台镜，飞在白云端。

——（唐）李白：《古朗月行》

纯粹依笔者之见，世间最美的四个字大概就是“那又怎样”，完美的论文就是由“那又怎样”的链条编织而成的。如果一位学者能回答一连串的“那又怎样”，那他就具备了做学者的最关键品质之一：保持好奇心。

物极必反，也不能过度地追求“那又怎样”，若过度地追求可能会导致两种结果：第一，学者会过度地强调所得出的具有“奇袭感”的结论，而结论本身可能并非具有那么高的“奇袭感”；第二，学者会变得过于愤世嫉俗，忽视了世间运作的简洁的、合理的一般性规律。

接下来的讨论想表达的便是合理范围之内学者在追求“那又怎样”过程中的好奇心。

何为好奇心

笔者同5岁的侄女聊天，在日常生活中感受过“那又怎样”的魅力。在侄女追问的第三个或者第四个“为什么”之后，笔者就只能兀立在一连串的“为什么”之前，开始沉思蕴含在“为什么”之中的“那又怎样”。如果笔者不假思索，飞流直下地用“因为”作为回答，大概无法赢得来自侄女的尊重。如果笔者能够循序渐进地回答“为什么”，或许一方面可能会找到解决方案，另一方面也可以巩固自己在侄女心中的地位吧！

时常思考“那又怎样”的学者，大抵都有一颗好奇心。

追求好奇心的学者渴望通过研究，能够将“那又怎样”背后的原因原汁原味地传达给他人。学术大家对机遇所提供的每一意外事件或观察现象都予以注意，并对那些在他看来大有希望者进行研究。没有发现才能的科学家往往不去注意或考虑那些意外之事，因而在不知不觉中放过了偶然的机会。宋京生教授说，她之所以能够达到不断地写论文的境界，原因在于有太多令人好奇的问题和现象，时不待我，值得去探究。

持好奇心的学者不是按部就班的上班族，而是类似于艺术家，受好奇心的触发而思绪如涌，难以自已，至少有时像艺术家那样情绪起伏、魂不守舍，甚至疯疯癫癫。画家多是情感丰富的，能够抓住刹那间的感觉，而这种感觉是被未知领域的好奇心所引发的。然后，画家有一种不可遏制的冲动，要把这种感觉以画作的形式，高度抽象地表达出来。经常演喜剧的演员，虽然已经功成名就了，却也对悲剧非常好奇，会想尝试一下演一个悲剧角色。拍摄中国式家庭伦理类电影游刃有余的李安导演，因为对欧洲文化背景下的人物内心世界好奇，会尝试拍摄一部纯英国味的《傲慢与偏见》[①]。像这样，能推动人们勇敢涉足一个全新领域的，大抵就是好奇心了吧！

何来好奇心[②]

怎样的事情会让人“咦”地生出好奇心呢？

赤子之心是好奇心的来源。成人很容易忽视周遭有趣的现象，对身边的事物习以为常，自然也很容易错过许多新发现；孩子却能发现生活中有趣的地方，所谓永远处于赤子的状态，就是学者要以第一次看世间的好奇心，用初次的眼光和心态去观察，去倾听，去阅读，去思考，这样才能不断有新的发现。

多数学者永远像孩子一样，睁大了好奇的眼睛去看周围的世界，去发现世间的美。科斯自伦敦政治经济学院大学毕业后到美国旅行，途中发现市场中有如此多的企业，并且观察到许多交易都是在企业内部非市场上完成的，由此萌发出其基于交易成本的企业理论。陈滨桐教授提及，自己和家人出门旅游，常常被拦下来收到各种推销广告。这是因为自己一出门就非常好奇，一直在左右观察，这种好奇心出卖了自己，让旁边推销产品的推销商识别出来自己是外来游客。

---

① 英国小说家简・奥斯汀的代表作，通过女主人公伊丽莎白的爱情故事，用日常的表现形式描绘了 18 世纪末 19 世纪初的英国乡村生活，被多次翻拍成影视作品。

② 笔者在此处表达的好奇心，是指研究选题主要源于对现实的观察和体悟，进一步讨论见 P85《3.1 下笔不难》一文。除此之外，研究选题还有可能来自其他渠道，进一步讨论见 P53《2.2 为有源头活水来》一文。

表达好奇心[①]

好奇心是一种自然的欲求和冲动，追求好奇心的学者渴望将这种自由的心情和不受束缚的喜悦，原汁原味地传达给他人。有了好奇心还是不够，学者得把那些好奇心转换为好的研究选题，以及被同行接受的学术成果。

具体而言，表达好奇心有三个递进阶段。

第一，提出可以回答的问题。无论好奇心来自哪里，学者都得有能力用具体的提问来“框住它们”，而这些提问是可以采用研究方法来回答的。

第二，提出妥当的问题。并非所有的问题都可以用现有研究方法给出令同行信服的答案。譬如，你幸福吗？就不是一个合适的问题。原因如下：其一，“你”这个个体是否幸福可能不是那么重要；其二，除了个体是否幸福，学者更关心个体如何变得幸福，哪些因素可以让个体更幸福。

第三，提出重要的问题。研究一个问题要花费学者大量的时间和财力。这些资源不应该花费在回答无足轻重的问题上。问题的重要性可以从三个层面上表达：第一个层面，如果对一个问题的回答有助于学者澄清一些变量间的关系，而这些关系又是影响问题的关键因素，那么这个问题大概就是重要的。第二个层面，如果问题的答案能够支持若干竞争性假设或理论观点中的一个，那么这个问题大概就是重要的。第三个层面，如果问题的答案能带来明显的实际效用，那么该问题大概就是重要的。如果学者知道这个问题的答案，将有助于改善所生活、研究的世界，那么这个问题大概就是重要的。

摧残好奇心

好奇心既然有来源，当然也会被摧残，有天敌。

好奇心的天敌之一是“挫败感”。学者要一辈子保持赤子状态，是非常困难的，特别是在经过不断被拒稿以后，学者可能会有三种反应：第一种是被挫败感压垮，从此一蹶不振；第二种是历经挑战以后，仍然保持好奇心；第三种是介于前述两者之间，处于一种麻木状态中，虽然还会因外在的要求而继续做研究，却

① 表达好奇心的外在形式是学者做学术报告，进一步讨论见P117《3.5 做学术报告》一文。

失去了内在的动力。历经挑战以后还保持好奇心是难能可贵的，并且在难能可贵的情景中所产生的好奇心，其质量更高。

在以往的研究岁月里，笔者却常会在学术研究行进的途中败下阵来，反复体会这样的失败感，实在是挑战心智承受力。当笔者请教宋京生教授如何应对这样的失败感时，她思考良久后，说："在行进途中败下阵来，可能的原因是自己的好奇心还不够强大。"笔者追问她如何应对那些未完成或完成但未能发表的研究论文，宋京生教授淡然地回应道："从不曾放弃，或早或晚，都希望完成未竟的研究工作。"笔者再追问她如何能够经年累月地坚守不放弃的精神，她言及需要具备对研究问题的大格局观，这就好比要从北京出发去少林寺，在出发前，可能只有一个大概的乘车计划，在具体的行车过程中，或遇到各类变动，行程未必如事前想象得那么顺利，但是无论采取何种变通方式，自己都能到达目的地。

好奇心的另一个天敌是"不就是"[①]。"不就是"会消解一切理论研究的价值，消除所有探究行为的意义。"不就是"的逻辑看似深刻，但仔细想想漏洞百出。若一位学者紧握"不就是"连环出击的话，好奇心就没有一丝生存之地了。笔者在此处言及的"不就是"指的是作者或听众不加深究而理解的"不就是"，从事管理类研究工作的朱阳教授认为，多数研究工作的核心其实就是几个关键因素的权衡，若作者或听众能够将其总结而出，那么这样的"不就是"不是扼杀了自我的好奇心，而是滋养了自我的好奇心。

呵护好奇心

学者得有好奇心，才可能有研究的开始，而这种东西可不是上一所名校就能有的。曾经听一位文学理论教授说，一个人的文学才气，不是在课堂上能够培养出来的。在课堂上，只能够给学生提供一种做研究的方法和训练；课堂上讨论的话题多是开放的、有争议的、好玩的，鼓励学生彼此间"唱反调"；其中的方法是，以一个八卦问题引发学生的好奇心，把学生的好奇心引向更深的方向。譬如，曾给学生一个讨论选题：大观园里的女孩子是大脚还是小脚？其中蕴含的学术问题是文化冲突。

在很多学术交流场合，学者做报告，内容和演讲都堪称精彩，但令人失望的

① 这也是不能自我质疑的一种表现方式，进一步讨论见 P151《4.4 可质疑》一文。

是，报告厅的听众满满近百人，最后提问的人却寥寥无几。只有少数几位听众发问，原因如下：一可能是没有充足的时间留给听众提问；二可能是有些听众不会提问，没有能力问出有价值的问题；三可能是听众对报告内容没有什么兴趣。若是第三个原因，笔者不禁要深思：难道听众除了自己的一亩三分地，对别的选题都没有了好奇心？还是知识面太窄问不出问题呢？或者只是害羞，不敢问呢？笔者相信多数学者都还是有好奇心的，那么多数学者为什么要掩盖或压制自己的好奇心呢？

幼时，我们或许是受到了“童言无忌”的呵护，能够毫无顾忌地问这个问那个。慢慢地，我们被教会了什么该问，什么不该问；什么时候可以问，什么时候不能问。因为孔子曰：“君子欲讷于言而敏于行。”这或许是“边际效用递减”[①]的缘故，经历越丰富，懂得越多，通过深入探究所获得的效用也就越少了。因而，依笔者看来，好奇心是一种与生俱来的禀赋，随着时间的流逝，稍加不注意，就可能消失殆尽，因此，学者需要小心呵护自己的好奇心，并通过各种方式促进它的成长。

笔者虽然在学术界工作多年，可是自己的好奇心还跟第一次阅读学术文献时一样，一点都没少，并且还感觉好奇心就跟肌肉一样，越用它，它就越能干。笔者曾经劝告学生，好奇心的理解和培养无法用三言两语打发，但至少可以从最初级的语言习惯做起。比如，一个学期内禁止自己使用“不就是”，在“一转念”思考研究问题之前，君子求诸己[②]，先反问自己“那又怎样”。没准一个学期之后，自己会有所改变。

好奇心虽难以被培养出，但也并非无可能。张任宇教授结合自己的求学经历，颇有体会地言及，如果选题合适，获得有针对性的指导和不太慢的正反馈，学生就可以不断地增强自己的好奇心。

依笔者的体会，一个人分享自己的好奇心给他人之后，有可能会激发出他人对该主题的好奇心。在艺术圈里，很多绘画大师的画作多是他们高度凝练自己的思想后，所获得的精髓的外显形式之一。这些画作具有高度的包容性，每个听众在看的时候，都会融入自己的理解，能够仁者见仁，智者见智。类比过去，一份

① 边际效用递减，是指在一定时间内，在其他商品的消费数量保持不变的条件下，当一个人连续消费某种物品时，随着所消费的该物品数量的增加，其总效用虽然相应增加，但物品的边际效用，即每消费一个单位的该物品，其所带来的效用的增加量，有递减的趋势。

② 《论语·卫灵公》。

完美的研究工作不仅能够让他人获得一种新知识，还能够启迪他人的好奇心。

笔者读同行论文的时候，都会去想，他为什么这么想？自己不同意的要点在哪里？当然，要界定自己想表达的是别人没有发现的东西，就需要细读别人的文章。读别人文章的时候，常常是逐字阅读的，只有读得慢，才能体会到别人文章的要点、重点和通过好奇心所要表达的内涵。

人生而有涯，而知也无涯。没有人从一开始就知道如何做，好奇心并非在最初就完全成型。只有当自己工作时它才变得逐渐清晰，自己需要做的就是开始。如果学者在象牙塔中不具备发现重要问题的好奇心，那么所进行的研究就不能指导实践并产生积极影响，如果这样，还不如去工业界直接参与并感受实践。

4.3 能 独 处

董昶博士生:“做了几个研究选题，多是在进行过程中遇到了问题，就停滞不前。导师是学术大家，常常困惑于如何与导师沟通，从而更有效地获得帮助。”

牛保庄教授:“你现在正处在黎明前的黑暗中，只要坚持，总能看到黎明。但是，话说回来，这时的你需要一位刚刚从黑暗走到黎明的人过来拉一把，慢慢地，就可以跟上身为学术大家的导师的研究步伐与节奏了。”

赢豫:“学生需要学会的一种能力是如何获得他人的帮助。做研究，就像一个人独自跑步一样，初跑者喜欢三五成群，一起约跑。每次训练结束后，一定要在朋友圈发图分享，获得各种点赞，这对初跑者还是有很大鼓励作用的。一种积极的跑步氛围和一名合适的跑者，或者说陪跑者和配速员[①]，对初跑者的长期坚持大有裨益。同样，刚开始做研究的学生需要积极地与导师主动交流，与同学多探讨彼此的研究选题，主动创建一种有助于自我成长的学术氛围。”

① 配速员陪参加跑步比赛的运动员一起跑，在这个过程中，控制速度匀速地跑，给运动员加油，并陪伴他们跑到终点。

独处

烈日炎炎夏至天，手舞团扇赏荷前。
静坐塘边心不乱，任它蝉鸣蛙鱼欢。
——肖军[①]：《夏至随笔》

学者常常要独自一人行走在学术道路上。独处是每位学者的必修课，学术人生也不过是一场孤独的盛宴，与其忍受独处，不如试着去享受。

身的独处

常有不如意的士大夫壮志未酬，孤芳自赏，因而选择遗世独立。笔者所说的“能独处”，是指学者可以选择独处，而非不得不独处。

人的寂寞分为三种：一是惶惶不安、茫无头绪、百事无心，一心逃出寂寞；二是渐渐习惯寂寞，安心下来，建立起生活的条理，用读书、写作驱逐寂寞；三是寂寞本身成为一片诗意的土壤，一种创造的契机，诱发出关于存在、生命、自我的思考和体验。[②]处在第三种寂寞状态的学者，或许恰如杨柳教授的感受：打开自己，直面各种可能性；这个世界的深广远超过自己现在想象的边界，这意味着自身的深广也将远超过自己现在的想象。

多数学者的独处，大抵是第三种吧！学者多是在一种宁静致远的氛围中，对案长坐，从一无所有的空白之中，苦思冥想一些问题。对于这些问题，期望找到一扇门，打开之后，进入一个无人之境，然后在这个无人之境中把问题的结构理清，把抽象的主观事物转换为具象的客观事物，然后展示给读者。

笔者求学和工作的三所高校的校园都处在闹市区，出了校园，走上几分钟，就可以进入热闹的俗世。当笔者从俗世返回到办公室时，自我意识与他人分离，

① 肖军（1957 年—　），字石君，斋号天涯阁，回族，陕西西安人，祖籍天津，陕西省民族文化经济促进会副会长，陕西省山水画研究会副主席。

② 出自周国平：《相比于社交，独处绝对是一种能力》，凤凰副刊，2014-11-18。

无法与外界交流信息或情感，顿时产生一种“结庐在人境，而无车马喧”[①]的美妙心境。

日常工作中，笔者的最大乐趣之一是午后独自在校园长长的林荫小路上散步、深思，自觉那才是真正的散步。那时的心境，恰如丰子恺[②]所言：“既然无处可躲，不如傻乐；既然无处可逃，不如喜悦；既然没有净土，不如静心；既然没有如愿，不如释然。”（丰子恺，2016）

心的独处[③]

静中静非真静，动处静得来，才显性天之真境。

有一种独处不强调身的独处，而强调心的独处。然而，面对声色犬马的凡间景象，当多数人似乎都乐不思蜀时，代表社会的精神中间力量的学者，能否拿出“万人都要将火熄灭，我一人独将此火高高举起”[④]的勇气，引领社会走出表面的浮夸，走向内在的真理呢？

大隐隐于市，小隐隐于山。笔者曾与蔡瑾玲同学一道到长沙参加一个学术会议。一路舟车劳顿，入住酒店后，到附近的火锅店用晚餐。等餐期间，饥肠辘辘的蔡瑾玲盯着火锅汤底，看着即将冒泡的汤，她说这锅汤让自己想起了宫崎骏的动画，其中一些画面来源于生活，经过艺术创作后又高于生活，动画电影主题最后又可升华到人性、世界、未来……这让她想起自己正在做的论文：选题来源于实践吗？引言让人怦然心动吗？研究结论来源于某个具体研究问题，是否能升华到更高层面呢？研究结论相比于动画作品，是否能够有更高、更丰富的内容？郭晓朦教授回忆，中学时代的自己会在热热闹闹的客厅做作业，并非是想向父母或到访客人展示自己多么好学，而是真心享受动处的静。这种境界就是沉迷于学术或学业，无论身处何处，都不被外物所扰，目之所及，尽是学术或学业。这好比武林高手，一草一木，皆可随手拈来，用作武器。胡奇英教授言及心中的其他领域的大家时，首先想到的是能够将周身的各种元素运用到歌曲、舞蹈的创作中的

① 出自陶潜的《饮酒（其五）》。

② 丰子恺（1898 年 11 月—1975 年 9 月），浙江嘉兴人，以中西融合画法创作漫画及散文而著名。

③ 能够做到心的独处的学者更有可能具有自我研究特色，进一步讨论见 P167《5.1 具有研究特色》一文。

④ 出自海子的《以梦为马》。海子（1964—1989 年），原名查海生，安徽怀宁人，诗人。

迈克尔·杰克逊[①]。

独处的内在驱动力[②]

“为学正如撑上水船，一篙不可放缓。”无动力、无桨的木船，就靠着船夫一篙一篙地“点篙”前行。做学问就犹如这种“点篙”行舟，必须“一篙也不放缓”，才有可能攻坚克难、逆流而上。

笔者对那些长年累月地坚持写文章的学者一律满怀敬意。这些人能作为学者活跃二三十年，与此同时不断地发表论文，并为学术界培养出大量后辈人才，身上必定具备学者优秀而坚实的内核——非做研究不可的内在驱动力，以及支撑长期独处劳作的强韧。

学者能心无旁骛地独处着，是因为研究对自己来说是头等要紧的事情。写出一篇文章并非多大的难事，写出一篇可以发表在顶级期刊上的文章，对某些人而言，虽不能说手到擒来，也并非难以企及。不过，要持之以恒地写下去却难之又难，绝非人人皆能。

独处中的自我激励

研究是反反复复、寻寻觅觅的创造过程，十有八九寻而不得，久了难免会沮丧，甚至自我怀疑，自我否定。

在学术的登山途中，笔者时常会感到沮丧，因为在自己感兴趣的大问题上提不出有说服力的观点，因此什么也不写。后来，笔者慢慢体会到，刚开始要从小事谈起。回过头来会发现自己已经在登山途中走了很长的路，于是便继续长时间埋头一步步写下去。记得有一个故事，说是一口气走 10 公里[③]会很累，但是每隔 1 公里找一个标志性建筑物，这样走 10 公里就会比较轻松。也就是说，在漫长的学术生涯中，不断地设置多个来自外界的小目标，能够激励自己持之以恒地前行。

① 迈克尔·杰克逊（Michael Jackson，1958 年 8 月—2009 年 6 月），出生于美国印第安纳州加里市，歌手、词曲创作人、舞蹈家、表演家、慈善家、音乐家、人道主义者、和平主义者、慈善机构创办人。

② 独处的内在驱动力需要“也闲着”做保障，关于“也闲着”的进一步讨论见 P159《4.5 也闲着》一文。

③ 1 公里=1 千米。

学术大家在独处过程中，能以过去的自我为参考点，不断前行。笔者在《决策的基因》中曾写道，“人们会将自身与他人相比，产生人优我劣的价值判断而非事实判断”，宋京生教授读到此处时，不甚同意，她提及在自己开展的每一项科研活动中的每一次的尽力而为，都是希望比过去的自己好就可以了。她打比方说，独处中的学者像是织工，可能织工没有采购到最好的毛线，但是给定现有的毛线，织工会专注、细心地去织就一件毛衣。校读到此的张任宇教授言及，与他人相比的判断方法及与过去自己相比的判断方法两种方法都存在，究竟哪一种判断方法更为普遍存在？导致出现不同的判断方法的原因又是什么呢？或有待思考。

独处中的自我排解[①]

在学术探索过程中，时时觉得自己或自己与合作者仿佛坐在深深的井底，谁也不会赶来相救，替自己梳理思路，谁也不会帮自己寻词觅句，谁也不会敲门而入，拍拍自己或合作者的肩膀，赞许一声“干得不错啊！”最终形成的研究成果倒有可能得到嘉许，然而读者并不会特意对研究成果的探索过程评价一番，研究过程的艰辛只能由自己或合作者默默地承受。

学者可以从研究之外找寻精神源泉，排解学术研究带来的挫败感。张峻栋博士感悟到，这种精神源泉可以是音乐、运动及各种积极的、略有挑战性的兴趣爱好。笔者的博士导师回忆，在他的大学时代，曾经与学长刘西拉[②]教授和学姐陈陈[③]教授乘坐同一趟火车回沪过寒假，当时的刘西拉和陈陈已经是一对恋人，他们一个拉手风琴，一个拉小提琴，甚是热闹。有感于眼前的情景，以及听过的他们的故事，学生时代的笔者博士导师将他们视为自己人生发展的楷模。在随后的学术生涯里，笔者的博士导师不仅写得一手好文章，还能演绎黑管这种乐器。依笔者的理解，笔者的博士导师、刘西拉教授与陈陈教授这一辈的资深学者通过享受研究之外的每一次小的进步，激发多巴胺分泌，使自己兴奋愉悦、充满自信，那么即使在独处的研究过程中受挫，也能在心里自我暗示“我能行”。

---

① 关于独处中的自我排解，可以从体育精神赋予人的排解方式理解，进一步讨论见P125《4.1 具备体育精神》一文。

② 刘西拉（1940年1月—　），山东人，现任上海交通大学船舶海洋与建筑工程学院教授。

③ 陈陈（1938年8月—　），浙江人，现任上海交通大学电力学院教授。

适当地与外界沟通，有助于学者明确所做之事的价值。在本书稿的修改过程中，笔者难免会遭受各种艰辛，当笔者将这种苦涩的体味通过在线朋友圈的形式分享出去后，宋洁教授曾鼓励说："继续坚持，辛苦我一个，幸福千万家。"每想到这本书可能会帮助到他人，笔者便又多了一份在独处中持续修改文稿的信心。

独处中的顿悟[①]

独处是为了进行内在的整合。一个人只有在独处的时候，才能听到内心的声音。你可能会突然冒出一个念头，在那个时刻，你会觉得，这个主意会像钉在留言板上的纸条那样一直跟着你。不过，脑子可不是什么留言板，所以你得把自己当时想到的东西赶紧写下来。

独处中的顿悟就是一场让人从感觉自我有知到认识自己无知的旅行。在不断地深思与撰文过程中，渐渐地就可以把碎片化的信息和思考串接在一起，形成一篇文章，并提炼出几个关键要点；反过来，所提炼出的关键要点又可以帮助自己回看相应的行文逻辑是否正确、合适。

顿悟是可遇不可求的灵光一现。曾经一段时间，笔者在每天晚上入睡前都会思考一个暂时无解的问题，然后奢望在梦中解决了，次日起床就能顿悟。事实上，问题几乎都没解决，但是想问题又上瘾，所以也就夜夜难眠。当笔者与学生交流最近的学术心得时，郑旖旎同学批评道："老师过于刻意追求顿悟，可能适得其反。顿悟是一种不可多得的灵感，只能偶然得之。"这样的师生交谈场景常常会令笔者从中受益。

对于研究选题的顿悟，是学者超越世俗的羁绊，获得学术精神自由的必经之路。

独处下的研究成果[②]

要想独处有成绩，需要深厚的知识底蕴作为支撑。无论是孔子还是司马迁[③]，

① 独处中的顿悟可能会产生好的研究选题，进一步讨论见 P45《2.1 问渠那得清如许》一文。

② 关于独处下的研究成果需要获得他人认可的进一步讨论见 P235《6.6 避免学术职业危机》一文。

③ 司马迁（公元前 145 年—？），夏阳（今陕西韩城南）人，西汉史学家、散文家。

都具有丰富的人生阅历，一旦给予他们著书立传的机会，必能写出令人欣赏的作品。

有人可能会反驳，孔子只布道，而把记录的任务留给了自己的弟子。笔者想，当年的孔子常常疲于奔命，若日日写作，每日行走途中，要带上的书简就太多了，这时只能生存第一，书面传道第二。若孔子能够拥有一间安静的书房，独自思考与写作，今天人们能够看到的《论语》，也许会比孔子弟子依记忆而留下的《论语》更加有趣。司马迁因触怒了当时的皇帝，含垢忍辱忍受腐刑[①]，当他获赦出狱后，进入心的独处之境界，发愤著书，终于写就有“史家之绝唱，无韵之离骚”之称的《史记》。

独处下的研究成果若不能让所有人都开心，索性一不做二不休，只管按照自己喜欢的方式，做自己享受的事情，只让自己一个人开心也足够。这样一来，即便论文发表的期刊档次不够高，评价欠佳，也可以心安理得了：“嗯，没关系，至少自己享受过了。”须知，做着不开心的事活在世上，人生未免太不快乐了。

当然，一点都不顾及他人的评论，只顾自己享受的人，是无法成为杰出的学者的。身为一名学者，应该有最低限度的支持者。唯有如此，“享受过程”和“心安理得”方可能成为学者内心价值观中至关重要的准绳。

笔者并不排斥热热闹闹的同行之间的交流，也不排斥偶尔在饭桌上高谈阔论。一方面，可以缓解疲劳，恢复精力；另一方面，还能发现世界上有这么多学者的研究思想与自己有相似之处。笔者在这里只是强调学者个体所需要的常态研究状态：能独处，而非不得不独处，也非不需要与外界交流，更非没有能力与外界交流。以笔者的一首小诗收尾，与读者分享独处的感受：

我思我在[②]

炎炎兮酷暑，娇艳难自持。
独坐书斋中，挥汗理卷轶。
惟思权与衡，渐渐生凉意。
不觉月如钩，微风侵我衣。

---

① 割掉鼻子或者生殖器官的酷刑，是一种对人格施以极大侮辱的惩罚。

② 感谢丁和根教授修订此诗的修辞和意境。

4.4 可 质 疑

嬴豫："您是如何能够一直保持对自我的不断质疑的？"

陈剑教授："一个生命的成长是从无知到有知再到无知的过程，青葱时代的自己也曾不知自己的无知，加之当时与国外交流机会较少，很难查阅最新的学术研究文献，想象他人的研究工作也不过如此。随着自我的不断成长，加之与一些对中国友好的国外学者到访时的交流，这些国外学者会婉转地提出我所需要的改善之处，逐渐地，自己才意识到自己的无知。久经岁月之后，方从原来的不知道自己的不足，演变成知道自己的不足，看清自己与国际一流学者的差距。"

问天

> 对于权威专家的观点要信，又不能全信。要信是因为权威专家的观点有前瞻性和前沿性，不可全信是因为自己还要保持独立思想的能力。
>
> ——丁和根

瓜无滚圆，人无十全。

整个人类的知识就好比一个圆，学者的成长就是沿着一条半径向边界运动的过程，到达了边界后，往外迈出的每一步都是人类科学技术的进步。也就是说，不尊重已有的研究是无知和狂妄的表现，但是依据规范和严谨的研究，敢于并也能在已有文献特别是经典文献面前表达不同意见并且给出有意义的解释，或能够发现文献中已有结果的局限性与适用范围并且给出更广泛意义上的解读，都是令人敬佩的品质。实际上，无论有多少权威维护已有结论，只要自己的想法不同于已有结论，并且自己的想法是来源于合理的推理，有可以信赖的证据，那么就可质疑已有结论。

质疑他人①

一种典型的质疑表现形式为学生质疑教授，唯有如此，才能达到青出于蓝而胜于蓝。博士毕业后的学者需要成为某一领域最前卫的探索者，若总是亦步亦趋，那说明这个人缺乏批判精神，不适合做研究，如果这样的话，教授的学术理想、道路、激情，又由谁来传承呢？纵然教授能够对毕业的学生扶上马再送一程，学生学得很吃力，教授也带得很辛苦，那么结局大多都是悲剧。

师生之间的关系缺乏质疑的成分或与中国传统文化中对师生角色的理解和定位有关，如一日为师、终身为父等价值观都强调学生要尊敬和服从教授，而教授则有义务全面关心学生的成长，这种文化传统一方面有助于建立和谐温馨的师生关系，另一方面则对学生批判教授构成一种社会情感方面的障碍，不利于学术的争

① 质疑他人与质疑自我的精神不仅是在学术界工作所需要的，在工业界工作的人也需要，进一步讨论见 P223《6.4 进与退学术界》一文。

鸣与进步。虽然口口声声说希望培养学生创新、独立思考的思维，但是教授真的希望学生多提一些比较尖锐的问题吗？面对这样的境况，张任宇教授建议，学生可以反对教授或其他学术大家的观点，但是话要说得艺术，让双方都能够接受。

另一种典型的质疑表现形式是两位学者互相质疑对方的观点，甚至针锋相对，但这丝毫不影响两人之间的友谊，而且他们还能从对方的质疑中深受启发，学者间的健康关系就是这样既惺惺相惜又相爱相杀的吧！笔者曾经参加了田国强[①]教授在南京大学做的一场学术报告会，期间，他提及自己刚完成的一本教材《高级微观经济学》（田国强，2016）。田国强教授首先言明这本书的特点，即与其他教材的不同之处在哪里，又强调他本人并无意希望其他任课老师也选用这本书，学术本应百家争鸣、百花齐放，自己的书中所言未必全对，还有待同行的批评与指正。

但是，若每次质疑都会有可能引发轩然大波，也会在很大程度上阻碍学术研究的进步。因而拥有质疑精神的同时，学者不妨再掌握一些质疑的技巧。采用委婉的质疑，而不是当众打脸式的质疑，不仅能够使自己拨开云雾见青天，还能有助于被质疑者得到启示，从而获得更大的进步。

质疑自我

疑人不如疑己。质疑他人的目的不是为了质疑他人，而是为了质疑自己。对自己缺乏反省的人，也很难真正地了解他人。不质疑自己有很多表现方式，比如，不质疑经典、不质疑老师，表面看起来是待人温和，实际上就是不质疑自己。

道可道，非常道。任何一个已经写出来的研究结论都不是真理本身，它只是真理在一定条件下的表现形式，如果学者把这个研究结论当成真理本身，就有可能变得愚笨。

不可被质疑的观点可能具有较强的说教意味。柴昭同学和叶勋垒同学在校读本书稿的过程中，建议行文不能学究、不能说教、不能绝对；逻辑推理不能强塞、不能只被证实、不能过于抽象。这样的建议令笔者反思，笔者一边在鼓励学生养成质疑自我与他人的精神，而另一边给学生提供的建议却又多是无法被质疑的，若经过一段时间学习的学生不具备质疑精神，产生这样的遗憾或是由于笔者没有

① 田国强（1956 年— ），湖北公安人，经济学家。

给学生提供质疑的话语空间。

颇感遗憾的是，一些人严以待人，宽以律己。有些学者对于自己的错误都不能发现，又岂能抓住别人的要害？充其量只能纠缠于表面现象和枝节问题罢了。一些学术大家做研究时，先于动笔要做的，是养成事无巨细的习惯，即仔细观察眼前看到的事物和现象、身边来来去去的各色人物和周围起起落落的种种商业事件，认真仔细地加以观察，并且深入思考、反复考虑。虽说是反复考虑，却没必要急于对事物的是非作出价值判断。同时，要尽可能地保留结论，有意往后拖。重要的不是得出明了的结论，而是把那些来龙去脉当作素材，让它们以原汁原味的形态留存在脑海里。

很多时候，笔者在与同行争辩或尝试将自己的想法表达出来的时候，常常会嘴巴比大脑快一些，就这样匆匆得出了结论，回过神来，却发现那些结论并不正确，或者说不精确，这样的苦涩经历，笔者反复体会过许多次。每当想起麻烦同行评审自己的论文时，笔者都不难想象这些同行在阅读过程中心生疑念："喂喂，就这样飞流直下地乱下结论，到底要干什么呀？"因此，笔者渐渐养成了不着急下结论、尽量多花时间思考之类的自我质疑习惯。与其说这是与生俱来的性情养成的，不如说是吃过很多苦头才学到的经验教训。

质疑他人也好，自我质疑也罢，这都是学者建立具有自我修正或强化系统的一种手段。随着岁月的沉淀，学者能慢慢地找到推动所在系统持续增强的质疑他人与自我的节奏，而质疑的存在需要一些土壤来滋养。

独立精神孕育质疑

在学术领域，最为宝贵的精神是敢于质疑，而不是人云亦云。在学术研究过程中，当看似可信的备选解释方案出现时，它们就被拿来与已有的解释进行一场"适者生存"的持久战，通过这样的方式，即使已被接受的解释也可能因为更简洁、普适或与观测更一致的观点而被推翻掉，从而可以确立自己研究得出的结论在学术领域的地位。

况且，书上所写的内容都是迄今为止所了解的相对真理，加上囿于作者的学识和水平，所讲的不可能句句都对，尤其是在一些专著和文献中，经常带有探索性的内容，必须对之反复"拷问"，辨识其正确与否，而对于正确的内容，必须从深层次加以理解，只有经过融会贯通的深度思考，才有可能真正掌握所涉及的内容，而且可以举一反三，触类旁通。

无惧权威孕育质疑[①]

为学患无疑，疑则进也。质疑就是进行学术挑刺，既有温言细语式的柔情，也有面红耳赤式的犀利，不论是何种方式，都不过是立场不同、观点相左的探索。质疑是为了更好地厘清真相，明辨事理。在学术领域中，许多问题并不是“非此即彼”那么简单，只有通过严谨的探讨和切磋，才能推动学术研究走向更高、更广、更深。权威学者或后生晚辈，无论其研究时间长短、水平高低，均有追求真理的权利和义务。

十来岁时，笔者在房间里，拿着被老师批改过的作业本，有生以来第一次发现父亲辅导过的课程作业也会有错，心灵深受震撼，暗叹世上根本不存在绝对的权威！那份作业为笔者的灵魂开启了一扇崭新的窗户，从那扇窗吹进前所未有的新鲜空气。多年之后，笔者方知道亚里士多德[②]也有类似的经历：“吾爱吾师，吾更爱真理。”

与教授合作是学生培养自己的质疑精神的最佳契机。教授在指导学生的过程中，围绕着一个选题，会要求学生去阅读相关的文献。当一位学生刚刚开始阅读文献时，比较容易顺从地接受所读到的观点。周跃进教授建议，如果导师在给学生指定所阅读文献的同时，也附上导师自己关于该文献的评议，那么学生读了文献，有了思考之后，将自己的思考与导师的评议相比较，就可以发现自己的质疑精神与导师的质疑精神有什么差别。就这么一篇篇地读下去，质疑精神自然而然地就会在自己的头脑中生根发芽。

与同行交流孕育质疑[③]

学者的质疑精神或有先天的成分，但是也可在后天培养出来。从理论上讲，学者完全可以依赖自己学会质疑，但是这样成功率并不是很高，因此，大学提供

① 关于学生与教授合作的进一步讨论见P175《5.2 与同行合作》一文。

② 亚里士多德（Aristotle，约公元前384—前322年），古希腊时期著名的哲学家、科学家和教育家之一。他是柏拉图的学生，亚历山大的老师。

③ 关于与同行交流形式的进一步讨论见P191《5.4 学术交流》一文。

了导师制度、学术交流平台，这些可以帮助学者观所未观，闻所未闻。

高校之间的同行互访及各类学术会议为质疑精神的存在提供了保障。笔者所在的学院邀请一些学者来访，这些到访教授讲的研究工作多是处在即将投稿，或者已投稿并在审的状态，他们之所以要到外校访问并做报告，主要的动机之一是自己有了一个新发现，渴望与同行分享，并希望能够听到一些批评和改进建议。

笔者发现，一些学者每次开会都能一针见血地针对他人的研究工作发表非常高明的评论，充分展示自己的敏锐智慧。但是，时间长了，就会发现，这些学者点评他人的工作是超一流的，但自己做研究时可能只是中等实力水平。笔者私以为，这类学者有点对不住自己了，为什么不把点评他人时的那点聪明才智用在自己身上呢？这才是对自己真正有帮助的。其原因如下：一方面或许是点评他人的工作或评审论文本就是比自己做研究、写论文的难度更低；另一方面或许是他们觉得帮助他人更有意义。

质疑成就经典

质疑的应该是大问题，而不是鸡毛蒜皮的小问题。特别是在阅读文献时，要抓住其中的要害问题，详察立论、假设、逻辑和结论。记得自己刚开始从事科学研究时，往往纠缠于作者的数学推导是否正确，走过一段弯路。只有在要害问题上穷追猛打，直到辨明为止，才有可能取得较好的学习和探索的效果。

质疑就是冲破既定的思维方式，自由地翱翔于想象领域，在心里一次次重铸内心世界，并始终以内省的质疑性眼光审视它。质疑下的产物会随着时间的流逝逐渐褪色吗？许多情况下，由于得到同行的接纳，为同行所习惯，质疑下的产物会慢慢失去当初的冲击力。

但是，如果内容出色，并且得到幸运之神的眷顾，同行会将这些文章升格为经典。随后学者阅读这类经典文章而获得的感受会被作为一个重要的参考点，慢慢地被更多的学者融入他们的学术精神体系中，成为学术界中学术价值判断基准的一部分。

自我质疑的天敌是“不就是”[①]

常有人对周围的人和事爽快利索地展开分析，三下五除二，看似干净利落地

① 关于无法自我质疑导致的好奇心缺失的讨论，见本书《持好奇心》一文。

便得出明确的结论。依笔者所见，这样的人看来不太适合当学者。适合从事学术研究的人，是那种即便脑袋里已然冒出“不就是”的结论，或者眼见就要冒出来，却驻足不前，还要再三思考“不对不对，稍等片刻，弄不好这只是我自以为是”，或者是“岂能这么轻易地下结论？万一后面出现新的因素，事态说不定会发生一百八十度的大转变呢”。

不过，“稍等片刻”的做法只是提醒学者要尽可能多考虑一些因素，而不是去考虑无穷无尽的因素。若关注过多的未知因素，那么学者可能会被未知信息一直牵绊着，就永远也无法结束相关研究了。

接受他人质疑的天敌是防御性思维[①]

所谓防御性思维，是指当无功而返时，不断地把关注的焦点从自己的行为转移到别人的行为上，因而错过了一次次改进的机会。是什么因素导致了学者出现这种防御性心理呢？这并不是因为他们对待质疑的态度有问题或是持续改进的决心不够，他们确实希望研究工作更有成效，关键原因在于他们看待自己和别人行为的方式不同。

学者不可能在任何情况下都有机会重新思考。因此，每位学者都会发展出自己的一套理论，也就是用于指导自己的行为和理解他人行为的一套规则。通常，学者会把这套理论当成理所当然的东西，甚至下意识地使用。因而，不接受质疑的学者的思维会形成闭合回路，而且一旦观察到别人也采取防御性思维，必然会用更强烈的防御性思维来回应。

使用防御性思维的学者会隐藏自身行为模式背后的原因、推断与结论，并回避对它们进行独立和客观的检查。因为他们从不思考自己防御性思维背后的逻辑，这样会形成一种闭环思路，使他们对相反的观点置若罔闻，并且如果他因此受到批评，其防御程度会变本加厉。

不惧权威，处事方圆有道，想必便是学者的质疑精神吧！

① 关于防御性思维阻碍学术交流的进一步讨论见 P191《5.4 学术交流》一文。

4.5 也 闲 着

杨柳教授：“在学术会议上，听到了什么有趣的报告？”

嬴豫：“听到一个关于时间管理的报告，提及的是如何管理娱乐时间。不过，我感兴趣的是，同时做多个研究主题的学者如何管理自己的个人时间。”

杨柳教授：“一个人对一个主题的关注力只能维持 3 个小时左右。之后，花费再多时间，也无济于事了。所以，有些同时做多个项目的学者，一天内要在两个题目之间切换。”

嬴豫：“我自己在一段时间内，只能做一个选题。常常会羡慕能够同时处理多个选题的学者。”

休憩

閒，隙也，从门有月。

——许慎：《说文解字》

笔者在美国进行学术访问时观察到，在感恩节、圣诞节等各种节日，所访问系里的教授必是与家人出门旅行。胡奇英教授谈及，他每周都尽可能留出一天的时间不做任何事情，只是安静地思考。这不禁令笔者思考，这些颇有成就的教授安排了各类放松活动，却也未曾耽搁自己的研究工作，一文一武，张弛有道，逻辑何在？校稿到此的张任宇教授颇为困惑地反问道："既然是节日，就是应该休息啊。"笔者却花费了很多时间将其理解为"努力地工作，更努力地玩"。

学者的闲暇时光，除了以外出旅行的方式放松身心，还会借助阅读具有人文情怀的哲学类的图书滋养学者与周遭事物之间的良好互动关系，或可以进行体育运动让身体准备好迎接下一轮的重脑力活动，更可以索性端着一杯上好的咖啡发呆。无论何种形式的闲暇，都是让自己有机会去欣赏或体会其他领域的学者或匠人所作出的具有创造性的成果。

闲着孕育顿悟[①]

创新往往来自不经意间的"不专注"。闲着本质上是学者可以从学术活动中暂时抽身而出，从而有可能突破既有的思考和行为方式，找出创新性的解决方案。欧阳修[②]的美文很多来自"三上"，即马上、枕上、厕上。类似地，学者经常会陷入冥思苦想的空灵状态，当在完成一项困难的研究工作后，经过短暂的休憩，再回到办公桌旁，关键性的想法会突然跃入脑海。

在学术研究中，有时会用直觉去解释基于某些研究方法所得出的决策建议。直觉是指通过直觉性的理解领悟事物的本质，或理解某个特定情境中的原因和效

① 依笔者体会，若一位学者可闲着，且能独处，所孕育出的顿悟的质量可能会更高吧！关于独处孕育顿悟的进一步讨论见 P143《4.3 能独处》一文。

② 欧阳修（1007 年 8 月—1072 年 9 月），吉州永丰（今江西省吉安市永丰县）人，北宋政治家、文学家。

应，或来自准确地观察、推演、领悟。换句话说，直觉产生的灵感是许多科学发现的临门一脚，是经过长时间冥思苦想后，突然跃入脑际的、能解决问题的观念或思想。借用佛教术语，笔者将其称为“顿悟”。

学者主要靠顿悟来解决最后的问题。当人们对某一问题百思不得其解时，突然看出问题情境中的各种关系并产生了顿悟，犹如“踏破铁鞋无觅处，得来全不费功夫”。

顿悟需要以渐修作为基础。要真正地理解一个研究选题，首先需要对这个选题感兴趣，开始去关注与这个选题相关的各类现象，然后开始资料的收集、分析、归纳。在获得一个可以解释这个研究选题的理论之后，还要有一个渐修的过程，也就是需要将这个理论做各种推论，然后看这些推论是否与各种已知的和新收集的现象相一致，如果都一致才能说是提出了一个新的解释，如果不一致就代表提出的解释存在问题，必须再去寻找其他的可能解释。那么，需要多少“渐修”才能产生“顿悟”呢？因人而异。

顿悟可以通过不断地转换任务的方法产生。任务转换能够降低人们的认知固着，进而提高创造力。所谓认知固着，是指既有的思考和行为方式的影响，导致我们忽略了更简单的做法，或是难以找出创新、有效的解法。Luchins（1942）采用量杯实验揭示了认知固着对问题解决的阻碍。他将被试随机分为三组，即来回转换组、自由转换组和分半转换组。研究者给被试呈现两类题目，在来回转换组中，被试在两类题目间来回转换；在自由转换组中，被试根据自己的意愿，在两类题目间转换；在分半转换组中，被试在前半段时间解答一类题目，在后半段时间解答另一类题目。

实验中，第一类题目考查的是被试的发散思维，该思维是指在创造和解决问题的思考过程中，从已有信息出发，不受已知方式和规则的约束，并且从这种思考中求得不同的解决办法。第二类题目考查的是被试的聚合思维，该思维是指从已知信息中产生逻辑结论，从现有资料中寻求正确答案的一种有方向、有条理的解决方法。

Luchins（1942）发现，来回转换组中的被试的表现，要比其他两组被试的表现更加独特、新奇，更富有创造力。同时，通过对认知固着的测量，研究者发现来回转换能够降低认知固着，进而增强想法的新奇性，提高创造力。也就是说，任务替换在认知固着和创造力之间起着重要的中介作用。遗憾的是，被试并没有认识到任务转换对创造力的好处，因而不会主动选择来回转换的工作方式。换句话说，如果让被试自己选择，他们可能不会选择最能激发创造力的工作方式。

闲着会提高学术工作效率

笔者曾经读过《为什么中国人勤劳而不富有》这本书（陈志武，2010），即刻被书名击中。很多人为何勤奋而无法顿悟？为何夜以继日地工作，却未能取得令自己满意的成就呢？个中的原因，或许是因为一个人的成功需要一些运气及贵人相助，也或许是因为这个人只是战术上勤奋，而战略上懒惰吧！

战术上勤奋，是指一个人在一件事情上用去无数时间，但是却没有发挥出每一份时间应有的价值，也就是说，单位时间所带来的边际收益非常低；战略上懒惰，是指一个人日日忙于眼前的事情，而没有静下心来思考忙的真正价值何在。

当笔者处于百忙而无一事成的焦虑状态时，恰遇到久未谋面的蒋炜教授，他关切地询问笔者："最近过得如何？"这一问令笔者头脑中即刻闪过种种心累之事，几秒钟的欲言又止后，只能淡淡地答道："常常困惑于只会对人生做加法，忙到头来，却没有太多成就和成就感。"闻听此言，蒋炜教授宽慰笔者道："对人生不能只做加法，还可以做减法、除法，甚至开根号。"这番对话促使笔者思考如何避免"战术上的勤奋，战略上的懒惰"。

如果一位学者去做学术研究的时间没有什么上限，那么这位学者恐怕很难体会到时间的宝贵之处，也就不甚在意单位时间所带来的边际收益的高低了。若一位学者能够在紧张的学术研究过程中，主动地闲下来，没准可以自我提醒用于学术研究的时间的重要性，也就获得了一个单位时间所带来的较高边际收益了。

陈蓉教授在紧张的研究工作之余喜欢阅读和欣赏一些极具人文情怀的图书与电影，且入迷颇深，当她再次回到研究工作中时，会尽快把这些研究工作做完做好，这样才会有下一次的机会去享受那些好看的图书与电影。依笔者看来，陈蓉教授最大的优点或者说她的与众不同之处，就是她愿意闲着吧！而闲里偷忙可以说明陈蓉教授所选择的研究问题具有非同寻常的吸引力，即使面临极具娱乐性的图书和电影的诱惑，仍能恰到好处地回到研究工作中。

是否能闲着[①]

学术研究是一个逐步淘汰的过程。若将学术生涯比作赛跑，第一圈，在正式

① 关于在学术研究的征途中是否能闲着的进一步讨论见P235《6.6 避免学术职业危机》一文。

进入学术界的准备阶段，很多学者都跑得不错，一路进名校读博士，发论文。可是到了第二圈，获得一份教职工作，正式进入学术界之后，就可能会左顾右盼，偏离了学术赛道，做其他事情去了。这是因为继续坚持在学术赛道上的理由很少，而偏离的理由则有一卡车那么多，譬如，个人内心的偏好、配偶和家庭的实际困难、社会和国家政策的某些导向等。

坚持在学术赛道上的机会成本很高。在世俗环境中，日复一日，心无旁骛地奔跑在学术的赛道上，确实比较困难。或许把讨论论文的精力用于一些短平快的研究项目中，更能够满足当下的需求。

在其他行业领域中，颇有成就的大家也面临着类似挑战。李安[①]导演从 1982 年执导 30 分钟的短片《荫凉湖畔》[②]，到 1992 年执导 1 小时 30 分钟的剧情片《推手》[③]，有长达 10 年的蛰伏期。这段时间，他没有工作，在家当家庭主男，烧饭、打扫卫生、带孩子，家里的开销完全由妻子一人承担。其实，他并不是完全找不到工作，他也曾经因为长期失业而十分内疚，想转行学习电脑，但遭到了妻子的强烈反对，也有很多朋友帮忙介绍他去给各个剧组当帮工，但他认定这辈子就是要当导演，所以他拒绝打零工。如果李安导演当时没有对电影的执着，转行做其他工作，今天世人就没有机会领略从《卧虎藏龙》[④]到《断背山》[⑤]，到《少年派的奇幻漂流》[⑥]，再到《比利 • 林恩的中场战事》[⑦]等风格各异又极具魅力的影片了。李安导演的经历令笔者思考，许多学者在学术赛道上奔跑过程中的选择问题，到底是应该像李安导演一样坚持初衷，还是应该向现实低头？或许这得看现实条件是否允许，以及自我的消费欲望是否能够被控制得比较好。

当本书稿处在二校样阶段期间，笔者与丁和根教授谈及关于“浪费和有闲”的话题，他说人生中本来有些时间就应该用来浪费，正如庄子所言：“人皆知有用之用，而莫知无用之用也。”“无用之用，方为大用。”笔者不曾切身体会过类似境界，因而也就不甚理解，特记下来，供读者品鉴。

---

① 李安（1954 年 10 月—　），生于台湾，导演。

② 《荫凉湖畔》，拍摄于 1982 年的 30 分钟十六厘米同步录音剧情片，是李安就读于纽约大学的二年级作品。

③ 《推手》，1992 年上映，导演李安。

④ 《卧虎藏龙》，2000 年上映，导演李安。

⑤ 《断背山》，2005 年上映，导演李安。

⑥ 《少年派的奇幻漂流》，2012 年上映，导演李安。

⑦ 《比利 • 林恩的中场战事》，2015 年上映，导演李安。

第五阶　学术之涯

在学术围城里过着朝九晚五生活的学者，如何在日复一日的学术活动中进行自我管理？

一个人可能走得快，一群人可能走得远。学者彼此间如何构建起合作关系？

进入学术界，除了教课、写文章，所参加的学术会议是一种什么样的浮世绘的感觉？

学者写论文的部分原因是为了向同行传递自己的学术理念，学者要如何去理解和适应现有的同行评议制度？

5.1 具有研究特色

放　松[①]

纽约时间比加州时间早三个小时，但加州时间并没有变慢。

有人 22 岁就毕业了，但等了五年才找到好的工作！

有人 25 岁就当上 CEO，却在 50 岁去世。也有人迟到 50 岁才当上 CEO，然后活到 90 岁。

有人依然单身，同时也有人已婚。

奥巴马 55 岁就退休，特朗普 70 岁才开始当总统。

世上每个人本来就有自己的发展时区。

身边有些人看似走在你前面，也有人看似走在你后面。

但其实每个人在自己的时区有自己的步程。

不用嫉妒或嘲笑他们。他们都在自己的时区里，你也是！

生命就是等待正确的行动时机。

所以，放轻松。

你没有落后。你没有领先。

在命运为你安排的属于自己的时区里，一切都准时。

① 佚名. 放松. http：//www.sohu.com/a/137622886_273356[2017-06-01].

独树一帜

曲士不可以语于道者，束于教也。

——《庄子·秋水》

知道自己是所有智慧的初始。无论是天资不凡的大人物，还是智力平平的普通人，都需要自我管理，即学习如何管理自我、如何发展自我，在能够作出最大贡献的地方工作。

何为自我研究特色[①]

简单的自我是知觉层面的自我。两岁前的小朋友照镜子，不会有对自我的认知，会指着镜子，以为镜子那边是另外一个人。当长大一些时，他照镜子就知道，那是自我。

成熟的自我是意识层面的自我。幼时，笔者看家中的族谱，向族长问道："人死了仅仅就是一个名字？为什么不注释每个人的生平？"族长看了我一眼，回答道："有什么好写？不是务农，就是打工。"当时这让笔者感到很惭愧，也很恐惧，难道自己的众多先辈就这么碌碌无为地消失在历史的长河中，留不下任何东西在世间？张永青女士言及："我是一个A型性格[②]的人，具有强烈的自我意识，这令我能够常常认识到自己的长处；有了自我意识，便也成就了坚定的信念，自己认定的事情，排除各种困难都能够坚持下来。"笔者的体会是，先有自我意识，信念才会成为有源之水，这种精神激励着张永青女士做任何事情都不轻言放弃。

具有自我的学者具备君子不器[③]的精神。人可做的"事"后面可以跟"情"也可以跟"业"，只想事情不想事业，后果会很可怕。那些只想着把事情做好的学者，所能贡献的多是一些制作精美的工艺品，缺少了一些艺术创作的生命力；

① 研究获得自我内心认可的学者常能独处，进一步讨论见P143《4.3 能独处》一文。

② 按人的行为方式，即人的言行和情感的表现方式可分为A型性格、B型性格和C型性格。其中，A型性格的人有闯劲，喜欢竞争，喜欢展示自己的才华等。

③ 出自《论语·为政》，意为君子不会拘泥于形式教条。

那些只是想着把事业做好的学者，缺少了务实精神，所希望创造的艺术品只能停留在空中楼阁状态。一位学者若要做到君子不器，一方面需要有做事业的广博视野；另一方面也需要有做事情的务实精神。也就是说，具有君子不器精神的学者不是只囿于一技之长、只求发表论文，而是从万象纷呈的世界里领悟那些众人不能把握的冥冥天道。

研究特色获得自己内心的认可①

怎么判断一位学者的研究有无特色呢？一种可靠的检验方法是看他是否具有能独处的学术素养。有能独处学术素养的学者可能在写作中寻得快乐，因为写作是一个灵魂对世界的倾诉，那些发自内心的密密麻麻的文字是独处最好的见证者。在独处的过程中，去享受修行的过程，等终于到达了康庄，便去享受修行的成果。

当一位学者独处时，是感到百无聊赖，难以忍受呢，还是感到一种宁静、充实和满足？若独处中能够感受到一种满足，这便意味着在研究过程中，同行的学术成果被自我所消化，自我也成为一个既独立又成长着的学术系统。所以，有无独处的能力关系到一位学者能否真正形成一个相对自足的内心世界，而这又会影响到他与同行的关系。

能独处是研究有特色的必要不充分条件。也就是说，对于研究具有特色的学者而言，能独处是前提，但能独处并不一定就能代表具有研究特色。

具有特色的学术研究成果给他人的感觉是独一无二的，是他人从来没有遇到过的，是在万千论文中能被一眼识别的。无论是学术还是音乐，要想发出“自己的声音”，就要有自己的特色。一些乐评人评价现在热播的音乐竞技节目中的一首歌的两种演艺方式时，常常会用到一类修饰：“几百个版本之一”“几千个翻唱之一”。对于学者而言，究竟选择加入自己的思考而形成独一无二的“版本”，还是选择紧跟潮流的表面上看似成功但却千篇一律的“翻唱”，也许是一个需要好好思量的问题。

自我的研究特色更像是一种气质，无法通过学习培养获得，只能由自己探索挖掘得到。真正有个人特色的学者应该对自己的特色明了且自信。

① 研究特色获得自我内心认可的表现之一是文改百遍、其义自见，进一步讨论见 P108《3.4 文改百遍，其义自见》一文。

研究特色获得他人的主动认可[①]

研究工作光自己认同还不行，还要得到同行的认可。而且得到普通同行的认可还不够，必须要得到资深同行或多数同行的认可。

多少很有能力的人，就是因为没有得到资深同行的认可，才被终生埋没，还被世人认为不才。具有自我特色的人，若是历史上的人，现在我们还知道，那就表明他的才能现在已被多数人认可；若是现在的人，如果同行评审系统不认为他具有特色，这或许是因为他是真的不具有这样的才能，也或许是因为现有的同行评审系统并不介意淘汰一位事实上不错的学者。

评估一位学者的研究工作价值，需要采用同行评议的定性方法与文献计量分析的定量方法相结合的方式，谨慎把握学术论文的核心价值所在，合理度量其价值的有无与高低。一位学者发表论文的多少容易计算，但发表论文的品质却需要同行作出评定。凡是以数量为准而缺少或避开同行的专业判断，都显示出了这个学术领域成员间的彼此不信任。

当一个人需要他人评判自己是否具有研究特色时，他可能还未建立起自己的研究特色。对于年轻学者而言，相对于做有自我特色的研究工作，得到同行的承认会更重要一些。对于资深学术大家而言，他们被尊称为某领域之父或之母，并不是主动追求同行对自我特色的认可，而是其的确做到了具有自我特色，来自同行的认可自会不期而遇。张厚粲[②]先生被称为“中国现代心理测量学之母”，她谦虚地回应道，心理测量学的实践伴随着隋炀帝杨广[③]推行科举考试而进行，再到后来的高考，都是一类标准化的考试，社会需要学者提供一套测量的标准，而自己只是生逢其时罢了。李皓语曾参加一个心理学领域的学术会议，她随着熙熙攘攘的参会者走进会场，稍后，有二人前后相伴走入会场，众人的讨论声如乐曲尾声，不约而同地弱化远去。她细看该学者，目光灼灼，脸露微笑，貌似温和的雄狮，穿着黑色外套和西装裤，随意中又显中庸稳重，陪同者虽衬衫革履，相较之下却略显青涩。未待该学者走近会议桌，周围的参会者纷纷主动起身与这位学

---

① 与研究获得他人的主动认可的进一步讨论见 P45《2.1 问渠那得清如许》和 P197《5.5 理解同行评议制度》两文。

② 张厚粲（1927 年 4 月— ），河北南皮县人，1948 年毕业于辅仁大学心理系并留校任教，现任北京师范大学心理学部教授。

③ 杨广（569—618 年），华阴人（今陕西华阴），隋朝第二位皇帝。

者握手寒暄，间或有兴奋、久别重逢的激动，该学者回应的神情依旧温和。待该学者坐定，散发出不动如山岳、充实如太仓之势的神态，一举一动尽显学术宗师风范。稍晚，李皓语才知晓这位名叫李纾的学者在心理学领域的研究地位。高琨[①]先生被称为“光纤之父”，他首度提出光导纤维在通信上应用的基本原理，同时开发了实现光通信所需的辅助系统，促成互联网的出现。现在人们日常运用的高速网络通信，正是高琨对科技的伟大贡献。他表示：“我对于获颁诺贝尔物理学奖深感荣幸。诺贝尔奖鲜有表彰应用科学的成就，故我从来没有想过会获奖，因此感到非常惊喜。”[②]

是否有自己的特色，是一种来自外界的主观性评价。文无第一，武无第二，是说在不存在标准答案的科学研究领域，很难有明确的评价标准。纵然有康熙在孔庙所题“生民未有”，试图将儒家思想的代表人物孔子置于至高无上的地位，也无法永远保障孔子的地位。

研究特色经得住时间考验[③]

研究特色经得住时间考验，一方面指学者能够一直坚持自己的研究特色；另一方面指学者的研究成果能够经受时间的考验。

文无第一，武无第二，也是说坚持自己的就好，也无需为赋新词强说愁。对于一项研究的贡献，可以从两个角度评价。其一是共识的转移：可以从现有的共识出发，认识到现有的不足，从而达成一种新的共识；其二是共识的创造：可以在现有话题的讨论中，发现并未形成的共识，通过这个对话，帮助学者建立一种共识。虽然研究贡献的评价标准很难量化，每个人的要求也有差异，但是整个学术领域对一篇论文是否达到可发表的要求，存在一条基本法则，不过有可能是审稿人、编辑对基本法则的具体阐释略有不同。一篇论文达到基本法则就是达到了，没达到基本法则就是没达到；但是一篇论文是否能够被发表，多是由很少几位学者决定的。对于年轻学者而言，这个基本法则若隐若现；对于资深学者而言，洞

---

① 高琨（1933 年 11 月— ），生于中国上海，华裔物理学家，光纤通信、电机工程专家。

② 高琨. 获得诺贝尔奖深感荣幸和惊喜. 光电新闻网，http://fiber.ofweek.com/2009-10/ART-210002-8100-28418664.html [2017-11-15]。

③ 虽然在学术界的学者有更多机会建立起自我研究特色，但是在工业界自我价值实现得更快，进一步讨论见 P217《6.3 入学术界与否》一文。

若观火，这个基本法则一清二楚。虽然知道这条基本法则的学者不多，但是这改变不了这条基本法则存在的事实。

具有研究特色的学者多是以一种渐进式方式获得改善，或可打比方为以乌龟的速度而不是以兔子的速度调整自我的学术研究状态。笔者也希望自己是一位独具特色的学者，然而这并非是自己能决定的事情。任由自己如何大声疾呼我的研究具有特色，或者由期刊编辑交口称赞某篇文章具有特色，也是无济于事的，因为这些呼声终究会由时间作出评判。

连贯性研究选题保障自我①

纯粹依笔者的想法，判断一位学者的研究是否具有特色，要看两个指标：第一个是自己心中是否有主见；第二个是他人心中是否有自己。反映到学术研究中，学者需要做到：第一，研究选题拥有自发的、内在的自我革新力，不会永远停留在原地。第二，研究选题具有与其他学者迥然相异、独具特色的定位，让人看上一眼、听上一句，就能立刻明白这是哪位学者的研究工作。第三，研究方法和结果独具特色，随着时间的流逝，可以转化为学术价值判断基准的一部分，或成为后辈引用源泉的一部分。校读到此的张任宇教授认为，若一位学者希望在学术界建立起自己的声誉，那么在研究方法和结果方面体现出自我特色就变得尤为重要。

独具特色的研究来自高度的专注精神。文学作品中有如频谱一般分布的作品类型如小说、随笔、诗歌……可以比拟于管理类文章的如学术论文、商业评论期刊的论文、新闻报纸上的商业短文及各类媒体上学者的脱口秀等。但是，无论以何种形式表达，一些学者的研究兴趣或许一生都不会变，或不会变得太多，还有一些学者的研究兴趣变化非常大。

对多数学者而言，精力有限，一生可以有少数几个相互关联的研究选题。若要将对某个选题的理解深入下去，就要小心地控制住对其他选题的研究欲望。特别是在学术职业规划的早期阶段，学者应多专注于一个研究选题，因为世界上没有那么多重大到足以改变人类思想和行为的机会。《自然》②和《科

① 连贯性研究选题的对立面是追逐热点的研究选题，进一步讨论见P61《2.3 诱人的陷阱》一文。

② 《自然》（*Nature*）是世界上历史悠久的、最有名望的科学杂志之一，首版于1869年11月4日。与当今大多数科学杂志专一于一个特殊的领域不同，《自然》是少数依然发表来自很多科学领域的一手研究论文的杂志（其他类似的杂志有《科学》《美国科学院学报》等）。

学》[1]两部顶级学术期刊的正刊每年发表论文近2000篇，它们不可能都是重大原创成果。尽管想一夜成名属于人之常情，但也不能轻易言道，作出惊世骇俗，前无古人、后无来者的研究。

一些学者可能会担心一个研究选题做做可能就没什么意义了。笔者个人的感受是，围绕着某个话题做研究的时间越长，越觉得其中存在很多奥妙，真是看不清楚。这有点像武林的一个说法：初学三年，天下无敌；再学三年，寸步难行。并且，学者若做多个选题的研究，涉及问题太多，发表的东西太多，会令同行觉得自己的学风不正，机会主义，捡到篮里就是菜。在一个成熟的学术体系中，如果一位学者想进入一流学校工作，存在滥竽充数之嫌的发表记录可能会成为致命的短板；相应地，在一个不成熟的学术体系中，外部学术环境可能鼓励学者发一些具有滥竽充数之嫌的论文，不管什么级别的论文，只要发出来就可以被用于申请职称、各类基金项目等。

何为具有研究特色？何为不具有研究特色？该判断只能交给岁月和阅读论文的读者合力共裁了。通过自我修行，获得自我，学者才能最终担当起对社会和时代的责任。身处当下，学者唯一可以做的事情便是，一方面多积累令人信服的研究成果，立体地构筑起属于自己的作品体系；另一方面，在内心形成自我，并有强大的信念坚持下去。

最终，学者可能依然是一个平凡的人，也有可能成为一个伟大的人。丁和根教授说，每个人都有平凡的一面，也都可以有追求伟大的梦想。平凡与伟大，有时只有一隙之隔，有时却有万里之遥。

---

① 《科学》，1880年创刊。该杂志是在爱迪生的资助下由一名纽约记者创办的，后几经周折于1894年转卖给了美国最大的科学团体——美国科学促进会。

5.2 与同行合作

肖光教授与郭晓朦教授喜结连理。在婚礼仪式中，与肖光教授互为同行的郭晓朦教授颇有感触地言及：

“肖光和我是最好的邻居——他在北京大学读本科，我在清华大学读本科；最好的同学——都在圣路易斯华盛顿大学攻读博士学位；最好的朋友——我们在生活、学习中彼此合作、关照；最好的恋人——曾经一起走过美好的山巅与湖泊；最好的同事——均在香港理工大学工作并共同完成教学科研活动；最好的夫妻——相敬如宾、孝敬双方父母；最好的竞争对手——竞争发表论文和申请项目经费资助。”

竞合关系

三人行必有吾师。
——《论语》

人无完人，一个人独自研究，或不如合作研究。

合作提高研究工作的影响力

合作完成的研究工作的影响力较大。Zuckerman（1967）发现，自 1901 年诺贝尔奖颁发以来的 75 年中，286 位获奖者中 2/3 的科学家是与人合作而获奖的。以 25 年为一个时间段进行比较，研究发现，与人合作而获奖的学者，第一个 25 年为 41%，第二个 25 年上升为 65%，第三个 25 年竟达到了 79%。

Azoulay 等（2013）认为，获奖者的研究贡献和影响力被高估了。这是因为获奖者在学术方面的特权往往是被隐性传递的，如最新的实验室设备、研究数据等核心资源的优先访问权，这使得我们在对比获奖者和未获奖者的学术贡献时，无法真正做到条件持平，因而会夸大获奖者的学术贡献。

笔者认为，Azoulay 等（2013）的研究工作从侧面论证了 Zuckerman（1967）的某些观点。获奖者除了提供高质量的科学知识交换的平台之外，还能吸引高威望的学者前来合作，从而使得获奖者能在学术圈获得更高的认可度。这使得获奖者与其合作者所形成的网络，以一种积极的态势不断反馈循环优势、威望和吸引力。

一个人走，可能走得快；一群人走，可能走得远。Wagner（2015）发现，高质量的合作才能保证研究工作的影响力大，相对于未获奖者，获奖者发表论文的总数较少，但平均引用率较高；在整个学术生涯中，获奖者的合作者数量较少，但是与合作者的关系较为密切。这或许是因为频繁更换合作对象的成本相对较高，磨合需要时间，等等。因此，对于一些雄心勃勃的学者而言，若要写出高质量的论文，应该多与获奖者合作，且还要与获奖者保持一种密切的关系。

在现代社会里，合作比竞争更重要。Wuchty 等（2007）统计发现，多作者的论文被引用的可能性非常大。在艺术与人文和专利领域，个人署名的论文很难比团体署名的论文具有更大的影响力。Jones 等（2008）发现，相对于校内合作，顶级学校间的合作往往会产生具有重大影响的优势。例如，两位均来自哈佛大学的学者，其合作论文所产生的影响力往往比两位分别来自哈佛大学和斯坦福大学的学者写出的论文影响力小。

与实力相当的人合作

一般而言，在学术界，一位学者要找合作者，实力相当的学者间的合作更有可能发生。这类似于在婚配市场中，一个人寻觅心仪的恋爱对象，门当户对的两个人有更大的可能性走向婚姻的殿堂。不过，婚姻中的门当户对多是指双方的家庭背景，与双方自身的才华、教育背景等不甚相关；而学术研究中的门当户对多是指双方具有相当的学识、兴趣、见闻等。

其实，学者之间的合作动机是彼此欣赏，除了表现为“门当户对”般的形式之外，还有可能表现为能够与高水平学者合作，或与年轻学生合作。若合作双方的水平悬殊，就不大可能合作得起来。笔者在跟随刘乐行同学学习打羽毛球的初级阶段，曾请刘乐行同学无需手下留情，和笔者打一局比赛，在开局之前，他提醒笔者双方之间打不起来，一局结束后，笔者没有赢得一个球。笔者不得不承认，水平悬殊，是没有办法打比赛的。这样的经历也提醒笔者，在寻求合作者时，勿试图去和研究水平差距过大的学者合作，这样做对双方都是负责的行为。

然而，每个人的性格和兴趣爱好并不总是一样，所以一个人不可能被所有的人喜欢。因此，需要留心哪些人的工作方式、性格和兴趣是自己所喜欢的，然后可以花时间去培养自己与他们之间的关系，加强合作。

笔者的一位朋友言及，与合作者一起工作时，自己的长处在于：建立模型、解决模型，并搭建一个讲故事的框架。合作者的长处在于：发现和寻找一个有趣的问题，依据数理结论，细致而有逻辑性地写出管理直觉解释。与此同时，自己与合作者的研究品位需要具有高度的相似性，有心有灵犀一点通的感觉，持有相同的观点，知道研究工作做到什么样的程度可以被期刊接受，了解什么样的研究结论是一篇文章的卖点。

与高水平学者合作

跨校合作可能遵从最强伴侣模式而不是弱合作模式，如此一来，研究合作中地理距离的重要性降低，社会距离却越来越重要。因此，学者在选择学术研究合作伙伴时，除了要加强与来自顶级学校的学者合作之外，也要有意识地提高自身的学术水平，以求能使合作的效果最大化。

关系是红薯，熟了就软，不熟就硬。若实在是仰慕学术大家，但又苦于没有能够与之携手合作的题目，或与之关系太远，这时通过与学术大家做学术邻居的方式，譬如，能够与学术大家在同一个地方办公，也能够提升自己的研究水平。Cornerston公司与哈佛大学的学者研究了职场上两个员工之间的办公距离对员工各项业绩指标（如生产率、生产质量）的影响。其用“溢出”衡量办公室邻居对员工业绩的影响，将员工分为三种类型：高产员工，任务完成得快但缺乏质量；高质员工，任务完成的质量高但速度慢；通才，介于两者之间，任务完成的质量和速度均适中。

研究表明，邻居对一个员工的业绩有重大影响，这种影响可能是正面的，也可能是负面的。就数量来说，假设你现在的邻居是一个业绩平平的人，如果把这个邻居换成一名产出率是你的两倍的高产员工，那么你的产出率将提高约10%。如果高质员工与高产员工互为邻居，那么高质员工会试图赶上高产员工的速度，而高产员工则试图提高他们的工作质量，作为一个整体，其产出率将增加13%，质量则提升17%。如果两名高产员工互为邻居，或两名高质员工互为邻居，则不会相互影响。这是因为只有不同专长的员工互为邻居，才会弥补各自的不足，同时又保持各自的优势。如果两名低产员工互为邻居，或两名低质员工互为邻居，那么其中之一被除名的概率将增加27%。

这项研究的对象是一家大型科技企业的2000余位员工，他们的工作性质与学者有一定可比性，因此有理由推测：如果我们想增加论文数量，最好的办法是坐到每年发几十篇论文的高产作者的隔壁或邻桌；如果我们想在论文质量上有突破，那么论文高手的隔壁或邻桌有着最好的风水。

对于高手而言，可以打消“同流合污”的顾虑，因为与菜鸟为邻，尽管受益的是菜鸟，但高手本身也没有损失。也就是说，溢出效应有单向性，如果小联和小杰有相同的价值追求，例如，都爱论文、都要写论文，那么在某个指标（数量或质量）上，高水平的会拉动低水平的，而低水平的对高水平的几乎没影响。

依笔者之见，合作者是自然形成的，不用勉强去寻找。能找到能力强、声名扬的学术大家处处提携自然是好的，但年轻学者既无把握与之合作，不如先蓄势待发，与志同道合者先合作，待小有成果时再接触更广阔的资源，开拓更新颖的研究思路。当学者自身能独当一面时，自然也可与年轻的新入行成员合作，为团队增添活力与创造性。

与学生合作①

与学生一起工作，他们提出的问题会使学者时刻保持警觉性。Hayward 等（2017）采访了 30 名指导过本科生做科研的研究生、博士后和教师。尽管一些人承认他们指导本科生做科研的主要动机带有某种功利性，如这样做是因为工作需要，或者可让他们在申请另一份工作的简历中“指导”一栏不留空白。然而，绝大多数学者特别是有经验的学者，普遍对过程充满激情，且更可能津津乐道它的“内在”好处，例如，学生对研究充满活力的贡献，或改进了他们大学的科研文化。学生迫使学者解释并阐明教授在做什么，若学者每次都能将看似复杂的研究选题简洁地表达给学生，那么这对学生和学者而言都是双赢的。

与学生合作可能会浪费学者的宝贵科研精力。学者请学生参与科研并不是没有异议，这些举动或许是一个展示闪亮的新建筑或最新的教育热潮的公关噱头，忽视了研究技能来之不易的事实。

依笔者理解，教授与学生合作是否能够双赢，一方面要看学生的能力是否能够满足教授的需求；另一方面也要看教授是否能够激发学生的好奇心，从而愿意主动、全身心地投入到科研项目中。

性别影响合作

在绝大多数国家的学术研究领域，相对于男性，女性面临着更多来自家庭、

① 教授与学生合作时，若能彼此质疑，可双方受益，进一步讨论见 P151《4.4 可质疑》一文。学生若能与教授志同道合，也有助于双方受益，进一步讨论见 P3《1.1 学生如何与教授相处》一文。关于教授视学生为合作者的进一步讨论见 P11《1.2 令学生喜欢的教授》一文。

事业的机遇与挑战，在此过程中，如何维护一种良好的与同行、学生的合作关系，或许值得女性学者仔细思考。陈方若教授感叹，就像一个社会的健康发展需要男性与女性合力完成，一个学科的健康发展不能发生在一个只有男性学者的“和尚庙”里，女性学者也需要参与到这个学科的发展中，与此同时，女性学者又面临着一些独特的挑战。因而，在他创办的华人学者管理科学与工程协会[①]的平台上，自 2016 年始，每年开办女性学者午餐会，特邀多位女性嘉宾与处于不同职业阶段的女性学者一起分享她们的观点与经验，这样的非正式交流场合或有助于女性学者之间的沟通与学习，并维护一个适宜的学术合作网络。

不得不承认，目前女性在学术领域的网络关系、影响力还有待加强。

Zeng 等（2016）的研究发现，较之男性，女性学者在她们的职业生涯中明显拥有较少的合作者，这种差异可以通过女性较短的职业生涯来解释。相比于男性学者，女性学者能更好地在团队中起到协调作用，最大程度地利用团队资源，并且女性学者更愿意给合作者相同的合作机会，与合作者重复合作的概率也低于男性学者。但是，由于女性学者进入各个学科研究领域的时间远远迟于男性学者，且出于对工作与生活的妥协，大多数女性研究者的职业生涯时间短于男性学者，获得项目资金和加入大规模研究团队的概率要大大低于男性学者，追求学术成就也会带来更多的职业风险，进而女性学者的合作者数量明显少于男性学者。

无论单独出版还是合作撰写著作，男性学者均可获得相应水平的认可，但女性学者在与男性学者合作的项目中却无法得到相应的学术方面的认可。Sarsons（2017）认为，部分原因是女性学者遭受着无意识偏见，这种偏见仅仅是因为性别差异，而更加具体的性别不公还体现在很少有女性担任高级职位，在管理者及导师层面，女性的代表人数明显不足。

态度影响合作

对于学者或学生而言，无论是与高水平学者合作也好，还是与低水平学者合作也罢，双方的共同目标都是完成对某项研究选题的探索，回应自己的好奇心。既然是这样，为何又会出现一些不如人所愿的合作关系和结果呢？或有部分原因

① 华人学者管理科学与工程协会创立于 2007 年，创始人为哥伦比亚大学陈方若教授，自创办伊始，已经成功举办了 9 届学术年会。

是一些学者在对待研究选题和合作者时，还需要再自信、谦逊一些。

与高水平学者合作，需要的是自信。笔者在有限的几次与高水平学者合作过程中，不仅少了一些自信，还采取了保守的自我防卫姿态，从而丧失了学习与提升自己的机会。类似的经历，笔者在羽毛球运动训练中，也反复地体会着，通过与高水平运动员的竞争磨炼自己，认清自己的不足，承认自己的缺陷，同时保持对自己的信心。借助于羽毛球运动的训练，笔者获得了面对高水平学者的开放心态，这让笔者步入了学术人生的新阶段。笔者的这些往昔的苦涩体会所带来的经验和教训，都要归功于岁月的奖赏。

与低水平学者合作，需要的是谦逊与开放的心态。人生的最高智慧是不知，学识越广博的学者越是了解到有太多的不解之谜，越能够体会到“山外有山、人外有人”的道理。然而，由于人性中的傲慢根深蒂固，只有极少数顶级学者能够领悟到这一点，而这些极少数学者往往会取得巨大成就。笔者曾请教宋京生教授：如何能够带出一批批进入学术界工作的优秀博士生？宋京生教授甚是客气地回应，主要是学生自身要很优秀。依笔者请教宋京生教授学术问题的经历，她对任何一个不知的、引发自己好奇心的学术问题，都抱着一颗初心，总是认真地听笔者进行表述，并提出各种质疑和寻求各种解释。笔者也曾请教朱丽娜编辑是如何帮助作者高效率、高质量地出书的，她回应，出书涉及书稿作者、文字编辑、排版员、印刷人员、校对员、发行员等多个流程的负责人，在每个工作环节，她都会虚心地请教各个流程的负责人，与之保持准确、密切的沟通，从而保质、保量地完成图书的出版和发行。依笔者的理解，无论是学术领域的学术大家还是出版领域的年轻新秀，她们能够取得异于常人的成就，一部分原因是要归功于自我的谦逊与开放心态。

君子之交淡如水。合作者不是实用品，而是一种奢侈品，一旦拥有，精神上的满足感更重要。

进一步，真正自信、谦逊的学者也就担当得起君子、绅士这样的“虚名”。李纾（2016）说，真君子、真绅士一定不只在乎自己是否活得好，而须在乎别人是否也活得好。所以，不咄咄逼人，不制造“陪衬人”，是作为绅士或君子的最起码的标准。笔者心目中理想的合作者也是如此。

5.3 准备学术报告[1]

每次做报告之前，姜宝军教授都会反复地修改报告内容。

嬴豫好奇地询问：“一篇论文已经讲了很多遍，为什么下一次还是要如此细心、费心、耐心地准备呢？”

姜宝军教授言：“听众不同，自己在不同阶段的理解和领悟不同，因此，可以永无止境地改善学术报告的内容和讲法。”

依嬴豫的理解，对于报告人而言，要想做个好报告，仅仅从论文里复制、拷贝制作一套演讲材料是远远不够的，做报告的能力，需要日积月累，不断地训练方得要领。嬴豫常能看到一些在学术上才华横溢的学者，做的报告却惨不忍睹，令人大跌眼镜，这样的场景不免令人心生遗憾。

① 关于准备学术报告之后如何做学术报告的进一步讨论见 P117《3.5 做学术报告》一文。

余音绕梁

言，心声也；书，心画也。
——（汉）扬雄：《法言·问神卷第五》

唐代寺庙宣教，常常刻意不立文字，而借助于歌唱。归根结底，是由于当时传教者有一个相当幽微深刻的想法：人们即使能通过书面文字的记载获取知识、传递信息，也不一定能因为对书面语言的理解而产生出对宗教的情感。

学术论文与学术报告是学者展示自己研究成果的两种不同形式，既然形式不同，展示的手段自然也不同。

听众不同于读者

读者是主动要看论文，听众却不全是主动要听的。为了留住听众，报告人需尽量用图片、卡通等形式准确地传达自己要传递的信息，不仅要吸引住听众，而且要避免听众想入非非，同时，也勿试图去挑战听众的记忆力。因此，要尽量用简单且经得住推敲的案例、数值例子生动地模拟主要的研究结论，令听众当场产生“啊哈”的反应。

一些报告人会用各种方式折磨听众。有些报告人机械地背诵记忆中的句子或埋头读稿子，与听众几乎没有眼神的交流；有些报告人不停地转换投影资料，除了“现在这张投影显示的是……”，之后再没有什么脉络可循。

读者读学术论文是不受时间限制的，听众听学术报告是有时间限制的。报告人需要时刻确认听众的思绪是被自己牵引着，并一步步地向前推进，这是因为学术论文是用文字表达的，学术报告是用语言表达的。在阅读论文的时候，为了跟上文章的思路，读者会停下来反思，回看标题和段落的首句等，如果走神了，就会重新阅读。而在听报告的时候，听众做不了上述任何事情，只能随着报告人的思路提出问题。因此，报告人必须使听众集中注意力，帮助听众跟上报告人复杂的思路。

Priva（2017）佐证了上述的观察。他发现，人们每秒钟能传递的信息量都是有限的。为了让自己保持在一个频道里，那些语速快的人会使用更多的常用词和更简单的句法，而那些语速慢的人则会使用较不常见的词和较复杂的表达。与此同时，Priva（2017）还发现，人们会刻意选择自己要说的，然后当遇到复杂或者不常见的词汇时会放缓语速，也就是说越困难，就越慢。

读者借助书面语言与学术论文作者交流，听众借助口头语言与学术报告人交流。报告人需要注意报告的语气，有些报告人可能想表现得有权威性，或者很聪明，或者很有力量，或者很深情……但是不要用力过猛，不要拿腔拿调，做自己就好。有些报告人会表现出过度的自我意识，他们的演讲听上去给人一种居高临下或自以为是的感觉，然而听众是完全不会买账的。

非说不可的冲动

一些学者做学术报告是为了占领阵地。在一个题目上，一些学者刚完成了一成工作量就会在公开报告场合宣讲，这好似要在这个题目上放上自己的主权标记。这是因为，一般而言，如果别人已经讲了，自己再去竞争，则不容易赢。万事开头难，虽然他只做了一成，但是开始的这一成很难做。因此，不要去竞争同一个选题，而要从这个选题中发现学术领域中的下一个选题。

这些学者占领阵地的目的够坦诚，至少这一点还是值得称赞的。然而，上述回答的问题在于，他们都是以报告人为中心，而没有以听众为中心。

一些学术大家做报告的动机或是："因为自己有非常强烈的愿望去分享一个观点，即使听众之中只有一个人在心灵上被触动，自己也心满意足了。并且，对于自己来说，这也是检验自己所给予的东西对听众是否重要的最佳方法。"话题是王道，如果自己没有好的话题，那么自己的研究经历、形式再怎么花哨，也不会有很好的效果，所以想要登上报告的这个舞台，"怎么说"不是先要考虑的问题，而是要反问自己是否有非说不可的内容。

什么是非说不可的感觉呢？为人父母者可以连续数个小时滔滔不绝地谈论自己的孩子，报告人所分享的内容也应该是关于自己的孩子的，是自己非常感兴趣的话题，同时，报告人也充满了热情，希望将这些故事分享给所有愿意聆听的听众。

多次彩排

已经见刊的论文几乎总是以完成的形式呈现在读者面前，通过阅读论文，读者不容易体会到作者在探索和发现中经历的喜悦，感受不到作者思想在形成过程中的敏捷与生动，也很难清楚地理解作者的所思所想。只有在报告的场景中，通过和听众的互动，方能褪去萦绕在听众心中的各种疑惑。相对于论文的被引用数量，一场优秀的报告可以拥有的听众数量则会多达数十人、数百人甚至数千人。若作者以报告人的身份讲解论文，引导听众参加一次关于报告人在研究过程中的喜悦与思考的旅行，那么若要成功，报告人就要确保旅伴的心情舒畅。

笔者曾邀请罗俊教授到南京大学进行学术访问，他问笔者有什么要求，笔者建议他能把自己所做的高深的研究，用深入浅出的语言讲出来，让听众理解就行了。当罗俊教授站在台上讲时，台下的听众根据报告内容随时发问；听众问的问题常常就在罗俊教授的下一张演讲胶片中，乍一看，台上的罗俊教授和台下的听众好似在唱“双簧”，其实是罗俊教授的学术报告准备充分，对所研究的内容理解到位。

大多数报告人在准备报告时都会经历尴尬的阶段：没有完全理解报告的内容。如果他们在这个阶段就去做报告，听众会感觉到，他们所说的话听起来像是背诵，听众或者会痛苦地发愣，或者两眼望天，试图记起一些词句。这种状况将会使报告人和听众之间产生距离。

幸运的是，要跨越这个阶段很简单，就是用足够多的时间彩排，这样就可以把词句自然而然地讲出来。通常彩排有三种方法：第一，按照讲稿来讲；第二，按照每部分内容做一些要点提示，而不是完全照着稿子念；第三，可以把内容记住，然后反复练习，直到自己将所有词句烂熟于心。采用第一种方法，会让报告人与听众的距离感加深，因为听众知道你在念稿，从而会降低对演讲的接受度。如果你要做一场重要的演讲，而且你有时间进行准备，那么脱稿演讲是最好的方式。

对于用足够多的时间彩排的重要性，多数人是知易行难。笔者曾旁观刘乐行同学组织南京大学教工队的冠军选手出去打羽毛球比赛，到比赛场馆后，他们并没有积极地在场地上热身，而是站在旁侧，一边观察，一边自言，自己的水平或与对方不相上下，或有可能略胜一筹。然而，在正式比赛开始后，他们却未赢得一局。这样的惨败经历令刘乐行同学反思，眼高手低的心态使得自己与团队成员低估了赛前训练的价值。这样的旁观经历也令笔者反思，听同行的报告时常常心里嘀咕，他人的报告也不过如此，若自己来做或许更好一些；然而，当自己真正去做报告时，却未能达到自己所预想的 1/10 的水平和价值。笔者就是这么不断地体会着自大与自责所带来的苦涩体验。

退一步讲，学术会议中的报告者也要具有钝感力，别人也并不如自己所想的那样关注自己，因为反正谁也记不得你。学生石玲第一次参加学术会议并做学术报告时，做报告前压力非常大，担心做不好会丢面子。苟清龙教授安慰她，作为学术界里的新人本就没有面子，更不必谈是否丢面子的事情了。退一步讲，若报告人显得那么老练，那么侃侃而谈，好像什么都不在乎，那未必是好事，听众不一定会觉得报告人很能干。事实上，紧张还能使报告人表现得更好：它给予报告人表现的力量，并使报告人保持思维专注。再则，报告人承认自己紧张，大胆展示出自己的不足，也可以赢得来自听众的共情心。

展现舞台风度

一位报告人若没有让听众一看、一听就喜欢的资本，哪能获得听众坚持 20 分钟到 1 个小时的听报告的专注力？若要吸引听众，报告人首先要做到的是装扮、穿着得体。听众对何为“装扮、穿着得体”的审美，很大一部分来源于进化而来的心理机制，它们服务于考察报告人的自我要求水平、治学严谨程度、是否重视听众等内在条件，装扮、穿着的不得体可能暗藏该学者随意的学术态度，或对该报告活动的不重视。

笔者曾与付琦教授共同参加一个学术活动，活动结束后，在回宾馆的路上，付琦教授分享了她演讲时着装打扮的心得，并即刻打开自己随身携带的化妆包，现场示范如何用简单的工具进行组合，来达到学术场合中对学者的妆容要求。没有人有义务通过他人不修边幅的外表去发现他人的内在学术素养，笔者很是感谢付琦教授所提供的婉转而又富有成效的建议。

即便装扮、穿着得体，但对没有经验的报告人而言，站在讲台上的肢体动作可能是演讲最困难的部分。在早期彩排时，最常见到的错误是人们的肢体动作过多，如晃来晃去，或者将重心不断地从一条腿换到另一条腿。人们在紧张的时候就会自然地这样做，但是这样会分散听众的注意力，并且使得报告人看起来虚弱无力。

2017 年的重阳节，笔者曾经参加丁和根教授组织的一场学术活动。在大会报告的开幕致辞中，他引用了毛泽东的《采桑子·重阳》，表达了在学术领域，同样可以有“黄花分外香”的境界。敬佩于丁和根教授在重大场合的沉稳，笔者请教他如何在重大场合发表演讲时避免紧张。丁和根教授说，遇到重大场合，即便是学术大牛有时也会紧张，只是他们已锻炼得让观众看不出紧张而已。所以，若要在重大场合演讲好，保持临阵不乱，思维流畅，就需要平时做一些强化训练，可以先想好一句说一句，然后再练习连贯与流畅。经常练习，必可成功。

简单地让报告人将下半身固定不动，就可以极大地改善舞台风度。有些人在演讲过程中，在舞台上走来走去，如果做得很自然则没有问题，但是对于大多数报告人而言，最好还是站着别动，靠手势来表示强调。

除了外在的穿着与肢体动作，报告人可以借助与听众的眼神交流增加自身的魅力。报告人可以在不同位置的听众中找五六个看上去亲切的人，讲话的时候看着他们的眼睛，将他们想象成多年未见的朋友，为他们讲述自己的工作。即使报告人没有时间充分地做好演讲准备，只能按照稿子来讲，抬起头建立眼神接触，也能够大大改善报告效果。

若有可能，报告人还可以借助起伏有致的声音吸引听众的注意力。在一次轻松愉快的聊天过程中，笔者曾请教刘云川教授采用中文做学术报告和采用英文做学术报告在自我感受方面有什么差异，刘云川教授言及，笔者在和他用中文聊天过程中的音调大多比较平缓，他在用中文做学术报告时，多数时候的音调也较为平缓，然而，同一个主题的学术报告，若用英文讲，音调会有更多变化，更能吸引听众的注意力。与刘云川教授的交谈令笔者回忆起一位学术大家做报告的现场：百余人的会场座无虚席，报告人的声音特质是低沉且富有穿透力。虽然这个报告距今已经 10 多年，但是笔者依然记得这位学术大家所报告的要点及他的声音。

报告内容重点突出

不同领域的报告形式和要求不一样，譬如，从来没有看到过莫言、余秋雨为了报告用演讲软件，也从来没有看过政治家、高校校长用演讲软件阐述施政理念或治校方针。当然，这些是文学大家和政治家；说回到科学家、教育家，在没有演讲软件的时代，学者也没有抱怨过因为演讲软件的缺失导致理念无法传递。可见，有穿透力的思想和研究成果，必定是用自然、简洁的语言就能令人知晓的。

虽然报告的质量是随着想法、叙述的质量和报告人的激情而变化的，但是报告的核心是实质内容，而不是讲话风格或多媒体的效果技术。各类多媒体技术的发展，并非意味着形式胜于内容。报告文档只是报告人起飞和降落的平台，除此之外，别无他用。因而，不要用报告文档代替演讲词；不要把要讲的要点列在报告上，这些最好放在便条卡上。

做好一个报告非常重要。能够写出好论文的学者，报告的技巧未必好，但是做报告技巧好的学者，研究有很大可能做得好。姜宝军教授说，即便论文写得好，但是演讲很糟糕，也有可能被怀疑这篇论文究竟有多少是报告人自己独立完成的。况且，精力有限，很多人是要听了演讲后，再决定是否去读论文，而一个差的报告是无法提高这篇论文的阅读率和被引用率的。

多数听众一个月后或许都不记得报告的内容了，但是多年以后，他们可能还会记得，那个报告人的报告非常成功。有时候，一位学者一辈子的道路，就由这几十分钟的发言或面试决定，因此，绝不能轻视。

5.4 学术交流

嬴豫：“在学术会议的茶歇期间，你在做什么？”

李皓语同学：“是一名吃瓜群众，在吃点心。”

嬴豫：“第一次参加学术会议，只吃点心，情有可原。”

李皓语同学：“您第一次参加学术会议时，茶歇期间在做什么？”

嬴豫：“自己刚参加学术会议时，也怯于与他人交流，只能吃点心打发时间。不过有了自己的研究思想后，就可与他人交流起来。”

吃瓜群众在吃瓜，体会被人嘲笑的感觉

不患人之不己知，患不知人也。

——《论语·学而》

当学生各自回家吃喝玩乐之时，按理说学者应可以尽情享受假期了。已经在学术界工作的学者，想必也常常会被在工业界工作的朋友们羡慕不已。其实，在工业界的朋友们大可宽心：不少学者的假期都被学术会议占据了。

主动与同行交流[①]

虽然人是社会性动物，但是做研究的人却是孤独性动物。在学术会议中，以文会友的形式化解了繁重研究工作所带来的苦闷，也让学者有机会体会到君子之交淡如水的感觉。同时，一个人的智力和能力有限，与同行的高质量交流，能够让自己对问题本质的领悟，时刻保持着较高水平。笔者和已有的合作者都是在学术会议的茶歇时聊出了一些有趣的选题。

多数初次参加学术会议的学术新人可能会觉得，只有同时与几个小伙伴出行时，方觉得有安全感。但是出去开会，就是要给自己一个挑战——走出自己的舒适区域，暂时远离伙伴关系，单枪匹马地投入到会议中，去听、去认识同行、去提问、去思考，这才是参加学术会议的真谛。

学术新人若总是没有勇气走出自己的舒适区域，可以尝试如下的神助攻：喝下一口含酒精的饮料或红酒，站起身，整理好衣服，一手端着一杯半满的咖啡，一手拿着会议手册信息，大步迈向想聊天的学术大家。若能与学术大家聊得下去，那就咖啡续杯，再畅谈下去；若聊不下去，半杯咖啡之后，可以礼貌地离开，也不会影响到彼此间的学术关系。

学术新人不必担心是否会打扰到学术大家。一方面，作为学术新人没有什么名气，并且刚好在那次会议上也没有做报告，很少会有人主动过来找自己聊，所

① 主动与同行交流，不仅是指校外同行，还包括校内同行及自己的导师，进一步讨论见 P3《1.1 学生如何与教授相处》一文。

以只能自己主动去找别人搭话。另一方面，包括学术大家在内的学者非常清楚，既然来到学术会议上，就必然要接受“骚扰”，因此无论被搭话的是年轻学者还是资深学者，他们的态度都很随和，愿意与人交流。

清晰地表达自己的研究观点①

学者之间可以交流的内容无外乎就是彼此的研究工作。在聊对方研究工作的时候，多抛出一些问题，让对方多说。关于自己的研究，最好提前准备好，即如何用一两分钟的时间讲清楚自己的研究，这样不至于在对方问到自己的时候，现场组织语言，以致词不达意。不过，学者也可以根据情况放松一下，聊一些生活类的话题，不用时刻都把自己绷得那么紧。

笔者认识的一位学术大家，在退休后，依然参加各类学术会议。关于参会的起因，这位学术大家说，在居家的研究工作中，自己是一位孤家寡人，虽然日日与邻居见面并打招呼，却常常无话可说；只有到了学术会议上，仿若觅得了同类，才有了一个表达思想的途径。况且，学术活动中同行之间的“激烈争论”往往是产生学术火花的机会，在不经意的争论中有时就会蹦出好点子。

诚恳地回应来自同行的质疑

报告人在学术报告讲解中或讲解后可从听众中获得即时反馈。报告人要为可以预见到的问题准备答案，要准备有关证明材料和文献方面的问题，特别是没有在之前报告中提及的相关内容。与书面报告可能得到的书面反馈相比，学术报告中的即时反馈可能没那么严厉，特别是当报告人把自己的研究内容定位在对新思想的试讲或对新数据的检验时。

一般而言，听众提问的心态可分为三类：第一类是听众对这个报告非常感兴趣，很想了解报告内容所涉及的研究方法，包括如何收集和处理数据，以及碰到问题时报告人是如何解决的，这也是听众提问的最直接的原因。第二类是认为报告人善于处理这样的问题，但是还没有展现这方面的才艺，通过提问，点一盘小菜，让报告人展现一下应对这类问题的方法。第三类是要让报告人在台上出点虚

① 清晰地表达自己的研究观点，方能抓住自我展现的机会，进一步讨论见P235《6.6 避免学术职业危机》一文。

汗，尽管有捉弄报告人的潜意识在起作用，但这也是可以理解的。

提问和回答的过程也具有某些游戏的成分，不管哪一类的提问，听众对所提问题的敏感度和危险等级都心知肚明。当然多数报告人也知道这一点，有的报告人会十分机智地予以回避，根本不接招，但是也有的报告人愿意解答问题，有时还在回答问题时自动将危险升级。

报告人应避免和听众形成对抗。形成对抗局面的原因可能是报告人采取了防御性思维，产生了“刀枪不入”的幻觉，因而不容易接受来自他人的质疑。其实，报告人和听众都十分清楚，报告人不可能回答台下听众提出的所有问题，对于不是特别有把握的问题，报告人按照自己的理解诚实回答即可，尽量避免与听众形成对立和对抗的态势。况且，听学术报告的听众的心态和做论文审稿人的心态没什么差别，再好的论文，想要找出问题，总有毛病可以找，想要拒掉一篇论文，总有可以拒掉的理由。

好的提问是非常宝贵的，即使其看上去有敌意。报告人需要仔细听每一个问题，然后确定理解了问题，在回答之前停一停，想一会儿。如果报告人不明白问题的意思，可以让提问者再表述一遍。不要条件反射式地或防御式地作出辩驳[①]，导致不能接受来自他人的质疑。

在报告的过程中，报告人准确地回应听众提问的能力非一日之功可得。姚大成教授颇有体会地言及，导师要求求学时代的他讲解一个问题或一篇文章，当他在讲解过程中遇到困难，或者被台下的导师或同学问住的时候，导师通常会让他站着继续思考，若思考所需的时间过长，导师和同学会适时地稍作小憩，让他有充分的时间，或者大家一起研读所汇报的内容，帮助他回答问题。这样的被反复“挂黑板”的经历，提升了姚大成教授应对听众提问的能力，现在的他在做学术报告时，有可能听众都没有说清楚自己的问题，但是他能够帮助听众阐述清楚问题并给予解答。这令笔者回忆起自己跟随沈乐群老师练习打羽毛球的经历，很多情况下，笔者都无法接到他首发的球，这是因为笔者无法通过观察他的肢体动作和表情，判断出来球的去向，接不到球，更枉谈回击球了。不知对方来球去向的打球经历，类似于不知听众心思的答非所问，这或许是因为报告人对所从事的研究主题还缺乏充分的理解。

---

① 关于防御性思维的进一步讨论见 P151《4.4 可质疑》一文。

专注地聆听同行的报告①

作为一名学者，会提问也就是敢质疑，是需要具备的基本学术素养之一。对于任何一场学术会议，都会在相关的网站上提前注明荣誉报告和特邀报告的题目及时间安排。在奔赴会场之前，学者可先利用这些信息做准备：对于与自己的研究方向紧密相关的学者及其报告，提前搜索已发表的相关文献，简要进行阅读、思考，从而提炼问题，最好能结合自己的研究进展及困难提炼问题，这些问题可以在报告过程中提问，也可以用于会后交流；对于其他报告，可以提前了解一下这位学者的研究领域，不至于在听报告期间过于陌生。

听他人的报告时，听者要保持积极的心态，准确地总结他人的核心贡献，当然，在这个过程中，会因报告人说的笑话而笑——不管自己是否真的觉得它们好笑。而当报告人严肃起来的时候，自己也要学会严肃，因为没有报告人会喜欢被架到火上连续烤上几十分钟，这对报告人与听众之间的沟通没有什么帮助。

接下来，就是如何站起来提出问题，别看这仅是一个简单的动作，对于听众而言，却是整个提问环节中最困难的一环。当众讲话的惶恐，提问产生差错的担忧，丢面子的恐惧等，可能会使多数人压下心中的问题。

参加不相关的学术报告也很重要。因为如果仅仅局限在自己的研究领域，你就会发现自己的研究方向越来越窄，可以研究的问题也越来越少。但是当你接触了其他领域，把这些领域的问题或者发现和自己的领域结合在一起时，你就会有海阔凭鱼跃、天高任鸟飞的感觉。

打分者受到被打分者对其利益的约束，真正的学术交流或许是一二学术同仁，找个幽静的说话去处，闲聊之际渐入佳境，兴之所至，思之所归，思随兴起，兴随意行，不夹杂一丝功利，这也许就是学术交流的最高境界吧！

到底有没有人是真的喜欢参加学术会议？当然！对于正好不用找工作也能承受经济负担的学者来说，最开心的事莫过于去开会可以和老朋友叙旧，同时还能结识新朋友。

① 专注地聆听同行的报告，或有助于获得研究选题，进一步讨论见 P53《2.2 为有源头活水来》一文。

5.5 理解同行评议制度

提出过长的审稿意见，可能是审稿人没有领悟好审稿标准。嬴豫第一次审稿时，急于表现自己，投入极大的热情，给文章挑刺，提出了几十页的修改意见。过了不久，和一位资深教授聊到那次审稿，嬴豫颇为得意地说道："给出很多有指导性的修改意见。"

资深教授淡淡地说："是啊，年轻学者就是喜欢写很多。倒是一些资深教授，往往寥寥数语，却言简意赅、直击要害。"

嬴豫当时愣了一下，没有料到资深教授会这样回答。话题虽然转移到了其他地方，资深教授的那番话却就此刻在了嬴豫的脑海中。

现在的嬴豫再反思当初的审稿行为，之所以会那样，一部分原因或是嬴豫想要给期刊编辑留下深刻印象，另一部分原因或是嬴豫无法言简意赅地抓住论文中的主要问题。

过招

君子有诸己而后求诸人，无诸己而后非诸人。
——《大学》

笔者常常困惑，在学术会议上，学者间都非常友好，能够对报告提出中肯的建议并给予鼓励。一旦学者成为审稿人，写出的审稿意见却是越来越长，其中的语气也越来越苛刻。其中究竟发生了什么？

作者心态[①]

学者为何要发表论文呢？因为要在自己所在的研究领域作出贡献。为了贡献出新知识，学者才要做研究、发表论文。

对于作者而言，若要说明自己的贡献，非得引用他人文献方能体现出自己研究工作的相对贡献，除此之外，作者引用他人文献的心态还有如下几种可能。

引用他人文献是学者彼此间的惺惺相惜。一方面，要强调自己的东西是新的；另一方面，不妨把人家已经做的研究说得正面一点，最起码做到公正评价。研究工作很辛苦，做得好，一些人可以获得实质性的回报，譬如，金钱、晋升、学位等。还有些学者在意的是自己的名字与他人看重并采纳的知识联系在一起时的那种荣耀，这是一种较高层次的需求，即赢得他人的尊重与自我价值的实现。很多时候，这也是一些学者能够得到的唯一回馈。

退一步，如果作为学者的自己想被尊重，那么自己也应该给予做类似研究话题的同行尊重，并且抬高对手不会贬低自己，而贬低对手恰好就是贬低自己。如果你说人家的研究做得不好，只做到了五成，你的即使好点，那也没什么了不起。如果人家的研究已经很好了，做到了九成，你比他还要好一点，把这个研究推进到了九成五，那才说明你真的有点料。正因为如此，写文章时可以批评他人的研究，但一定要把握好分寸。

① 关于作者所需要具有的研究特色的进一步讨论见 P167《5.1 具有研究特色》一文。

对作者而言，在论文的发表之途中总会经历风雨。Javad Nasiry 教授的论文发表经历，有非常顺利的，也有留下痛苦回忆的。但是他说，凡是成功的学者，幸运之神可能会眷顾他；但是，学者的成功绝对不是依赖于运气，而是在于持续的好奇心和不善罢甘休的质疑精神。

无论论文是否被接受，作者都要感谢审稿人。若审稿人接受了论文，那便是皆大欢喜。若审稿人拒绝了论文，还要感谢审稿人，理由是拒绝的建议让作者意识到论文哪里没有写清楚，不是审稿人没有能力读清楚，而是作者没有能力写清楚。

编辑心态

当一篇论文被作者投稿到期刊之后，论文就进入了同行评议体系中的第一道关：编辑的评判决策。

通常，编辑收到一篇稿件后，不外乎面临三个决策选择：拒绝送审、明确送审及纠结是否送审。至于作出哪种决策，要看三点：该论文和期刊风格吻合吗？该论文的研究结论重要吗？该论文的研究过程严谨吗？若三点皆优秀，则明确送审。若三点皆表现很差，则拒绝送审。

若根据这三点无法迅速作出判断，那么就表明编辑对论文的研究工作的意义存疑，文章内容可能不是很清楚，令编辑或将来的审稿人感觉不好，以及该论文没有引用最新的文献，令编辑或将来的审稿人无法明确地判断该论文研究工作的相对贡献。

若编辑需要处理的稿件数量非常多，那么当面临纠结是否送审的稿件时，很有可能选择直接拒稿。这是因为收录一篇差的论文所产生的损失，要远远大于拒绝一篇好的论文所产生的损失。然而，好论文同样容易被拒稿。对于编辑而言，可能会因为论文质量较低而很快地作出拒绝的决定，然而不太可能会因为论文质量较高而很快地作出接受的决定。这是因为若作者很快地收到了一份接受论文的信件，可能会想是否是论文质量较高，或许可以考虑投到更好的期刊，这样一来，编辑就可能会失去好论文。

若有争议的论文被送出去了，审稿人会提出一堆的修改意见，后续作者的修改回复和审稿人的修改意见可能会不一致，这时候就需要编辑出面评判。多数情况下，编辑和审稿人归属同一个战壕。这是因为审稿人是一种宝贵资源，考虑到期刊有较高的拒稿率，每一篇刊发出来的论文，背后平均有十几位审稿人。审稿人的时间宝贵，合适的审稿人不好找，因而编辑会略微偏袒审稿人的观点。若审稿人和作者各执一端，且作者的确是言之有理，这时编辑会考虑出手帮助作者，给其一次修改机会；很遗憾的是，还会遇到一些作者比较粗心，没有认真地修改，浪费了编辑的美意。

多数编辑只知道谁是最理想的审稿人，他们本身并不具备辨别真正具有创新性研究稿件的能力。Siler 等（2015）分析了过去 10 年中投稿给《内科医学年鉴》《英国医学杂志》《柳叶刀》的 1008 篇稿件，分析这些稿件最终的去向，发现只有 62 篇稿件被其中的部分期刊接受，757 篇被拒的稿件最终在其他期刊发表，另外 189 篇仍然存在争议或不知去向。研究发现，这些期刊偏好发表相对而言没有疑问的研究论文，但不能鉴别出哪些论文将来被引用的频率会比较高，换句话说，许多高引用率的稿件也可能被这些期刊编辑拒稿。不过，笔者认为，在统计层面上，相对于被拒绝论文的学术质量，被接受论文的学术质量是相对较高的。

审稿人心态[①]

当一篇论文被期刊编辑送到审稿人手中之后，论文就进入了同行评议的第二道关：审稿人具体审读论文。

多数审稿人都是尽其所能保障同行评议系统的高效运转。

1936 年，在普林斯顿高等研究院工作的爱因斯坦[②]与同行写成一篇论文《引力波存在吗？》，并寄给了学术刊物《物理评论》，其中，爱因斯坦认为尽管引力波在初级近似下被确信过，却并不存在。在寄出论文两个月后，爱因斯坦收到了期刊的拒稿信，这可能是爱因斯坦生平第一次遭遇学术刊物的同行评议制度带来的拒稿。在那之前，哪怕在他还是一名专利局的小职员时，也从未有过论文被拒稿的遭遇，而在他成名之后，同意在某期刊发表论文更是成了该期刊的殊荣，自然更不曾遭遇拒稿。编辑来信显然不是爱因斯坦喜闻乐见的，于是在收到拒稿信

---

① 当学者作为匿名审稿人评审论文时，其心态不同于作为论文作者的朋友评价论文。关于学者作为论文作者的朋友评价论文的情景的进一步讨论见 P168《3.4 文改百遍，其义自见》一文。

② 阿尔伯特·爱因斯坦（Albert Einstein，1879 年 3 月—1955 年 4 月），美籍德国犹太人。他创立了代表现代科学的相对论，并为核能开发奠定了理论基础，被公认为自伽利略、牛顿以来最伟大的科学家、思想家。

之后过了几日，爱因斯坦回复期刊编辑：将手稿寄给你意在发表，而不是授权你在付印之前呈给审稿人，我看不出有什么理由回应那位匿名审稿人——且还是错误的——的评论。从语气的生硬来看，爱因斯坦显然生气了，后果也很严重，从此他再也没给《物理评论》投过稿。

多年之后，科学家证明引力波的确是存在的[①]，也证明了敢于拒绝爱因斯坦的关于引力波论文的匿名审稿人的判断是正确的。

不过，审稿人也是普通人，也会有一些不甚理性的决策行为。

一些审稿人可能不会重视自己作为把关人的工作。《自然》在 2016 年 10 月发表了一篇关于人类寿命极限的论文（Dong et al.，2016），论文审稿的过程是曲折的，最初遭同行拒稿，但意外地也许是由于论文结论足够性感、有影响力，获得了二次修改机会。结果第二次，由于审稿人对论文中研究方法的批判性评价不足，论文成功突围。但是，论文的研究方法遭到多方质疑，甚至有同行认为，《自然》的审稿人没有起到把关人的作用，不应该发表这一论文。

一些审稿人可能会考虑自己在期刊编辑眼里是什么形象。很多审稿人就给出了一个基于很高标准下的审稿意见，希望借此传递出自己是一个高标准的学者的信息。除非期刊的编辑能够在关键时刻出手，提供一种权衡后的视角，否则，很多审稿人总会觉得自己所提出的标准是否太低了。

一些审稿人可能会不断提升审稿标准。董灵秀教授说，在审稿过程中，基于研究过程分析得出的结论，若作者没有写清楚，审稿人会寸步不让，要请作者写清楚；若作者写清楚了，审稿人又可能会说，这个结论看起来还是很直接的，研究的意义不大。这时候，作者难免要腹诽，在作者没有写清楚之前，审稿人怎么不说这个结论看起来是很直接的呢？

一些审稿人可能过于保守而作出拒绝，而不是接受一篇文章的决定，是出于一种安全的考虑。很多文章都有缺点，因而拒绝一篇好文章所带来的风险较低，甚至在短期内是没什么风险的。另外，若审稿人要求论文作者作出很多相关的模型扩展研究、基于实践数据的分析，甚至是提供实验数据，从而确保所得到的研究结论是足够有效的，这就使得论文的审稿周期越来越长。

毋庸置疑，同行评议体系存在缺陷，但这是目前最好的办法。

① 美国科学家宣布探测到引力波的存在. 新华网，http：//news.xinhuanet.com/world/2016-02/11/c_1118022391.htm [2016-10-01].

第六阶　学术之维

正如我们所处的三维世界一样，学术界也有其维度。

学术界的内外之分和消息的沟通不畅，使得学术界如同云中之城，缥缈而无其涯。但是，再缥缈的城市，再晦涩的维度，都可以从一些角度去窥得其中的内涵。

从三尺讲台到学术殿堂，从授业解惑到著书立说，从年轻教授到资深大家，在这些漫长而又珍贵的时光中，笔者切身体会和静心旁观了一些人和事，在此分享一些私以为的想法，阐述所观、所感的学术之维。

6.1　授课的艺术

嬴豫："正在为一些大三学生授课，学生对我的授课质量提出了一项要求，即要能寥寥数语勾勒出一些研究选题和研究过程中的关键点。刚见到你正在上小学的女儿，中英文俱佳又具灵性，这一代的孩子进了大学，不知会给教授们提出什么新要求？"

钟煦冬先生："社会在进步，孩子的综合素质一代比一代好。我正在教授的上小学之前的幼童，采用绘画绘本的形式让孩子展现自己的内心世界，采用科学、厨艺的形式让孩子与外在世界取得联系。"

嬴豫："现在的自己充满了危机感，若是自己无法做到日日新，恐将来的学生嫌弃；想到此处，真是由衷地佩服那些在学术擂台上坚守并还能独领风骚几十年的前辈们。"

钟声

大学之道，在明明德。

——《大学》

再好的知识，最终也需要被传播出去，从这个角度来说，学者需要具备授课的艺术，否则可能会陷于所谓关起门来的“学术圈”，自己与自己玩。若要将枯燥晦涩的知识讲解得清楚，学者必须对之有透彻的了解。教学与科研是相辅相成、相互促进的。有些年轻学者走上工作岗位后，主动争取把本领域的一些重要课程讲上一遍，实是明智之举。

课程内容围绕着学生需求展开①

若说学术性文章常常陷入“读者缺位”的陷阱中，则不少授课内容却要陷入“听众缺位”的陷阱中。这两类陷阱都是以作者或授课者为中心，忽视了其所面对的客户的需求。

授课过程中以学生为主角。如果把授课过程当作一段旅途，最重要的便是确定从哪里开始、到哪里结束。要找到合适的起点，教授需要思考学生对课程内容关心、了解的程度。一旦高估了学生的知识储备或者对选题的兴趣，抑或开始就使用太过专业的术语，那么就无法吸引学生的注意力。

很多顶级教授会非常简短地介绍课程内容，解释自己为什么会对这门课程内容感兴趣，并说服学生也关注这门课程内容。在这些顶级教授的课堂中，教授要在模拟的环境中构造冲突、引出问题，诱导学生去想接下来会发生什么、会有什么结局，然后介绍寻求解决方法的过程，学生直到恍然大悟的那一刻，自会看到这一切讲授的意义。

① 课程内容围绕着学生需求展开，方有可能启迪学生，进一步讨论见 P11《1.2 令学生喜欢的教授》一文。

课程内容贴近实践

课程内容要与时代和国家对相关专业人才的需求相匹配，从而使学生获得一些富于启发性的解决问题的突破点，由此提出有助于解决问题的种种建议。若忽视此方面，学生可能会觉得在学校所学内容多数是陈旧、过时的，或者实为“屠龙”[①]的技能？若果真如此，谁为这些学生的前程负责呢？

教授是否能自我意识到课程内容脱离实践，部分取决于是否能获得来自学生的真实反馈。姜宝军教授提到学期刚进行过半，圣路易斯华盛顿大学的本科生就宣称：学期中的教授授课质量评价活动中，不给各科老师露一手，他们还以为自己教得不错呢！

相较之下，笔者不得不承认，南京大学本科生对授课老师算是非常友好了。某一学期，在笔者授课的班级中，有位同学大半学期都没来，但是每次作业都交。这不得不令笔者反思，如果这位同学在不听课的情况下，能够自我学习并通过考试，是否表示作为授课教师的笔者有问题？或者说获取课程的知识与是否专心听讲并无关系？若果真如此，笔者上课的方式和内容存在什么问题呢？

陈道蓄教授言及，所在的系有时会召开会议，讨论教学质量，经常开着开着，会议主题就变成了声讨学生学习态度不端正。有同事说，现在的学生不如当年自己做学生时认真、肯干。陈道蓄教授不同意这种说法，认为社会在进步，怎么可能一代比一代差呢？相对于上一代学者做学生的年代，现在的学生不是学习态度不端正，充其量只能说是对教授所讲授的内容充满了质疑而已。

课程内容贴近研究前沿

学术研究基础扎实、研究成果丰厚的教授，能够在讲授关键知识点的过程中，让学生领略繁杂现象背后的真谛，感受大道至简的魅力。洪流教授说，研究做得好的学者，课未必上得好；而课上得好的学者，很多都做得一手好研究。

笔者的一位朋友深有体会，他在每一次授课中，对于每个理论知识点，都尽可能以深入浅出的方式讲解，这要求自己对该知识点能够高度凝练，从而用一种

① 《庄子·列御寇》：“朱泙漫学屠龙于支离益，单千金之家，三年技成而无所用其巧。”因而，将“屠龙”比喻为不实用的技能。

尽可能通俗的方式阐明这样的知识点和模型有什么用。具体而言，在课堂中，他讲了一个知识点及相关核心模型后，再给学生看一篇发表在《自然》等顶级期刊上的文章，这篇文章通篇只有一个核心模型，而这个核心模型就是刚刚讲过的。这样的授课方式既能够让学生立刻体会到理论知识的科学魅力，又能激发学生思考该核心模型还可以被用于解决哪些有意思的科研选题？

课程内容具有趣味性

教授可以通过增加例子、运用图像资源，使授课内容有血有肉、充实起来。蔡志忠[①]说当漫画家需要具备三个条件：会画漫画、会编故事、会用图像讲故事。漫画是通过画面所呈现的故事内容吸引人，而不是画画的技巧，也不是画面本身。授课同样如此，学者不仅要会传递知识，还要会把知识的产生过程和潜在影响用流畅的文字表达出来，更要会用图形和曲线的形式表达出相应的故事意境。

陈道蓄教授提及，曾经受委托听了一堂信息技术方面的入门课，这堂课讲硬件结构，因为是非专业的入门课，授课教师无法讲太多技术细节，结果给听众的感觉就是过于罗列概念和名词。可想而知，学生会觉得自己看了入门的书，不听课也能知道这些名词概念，而看书看不懂的，上了课多半还是不懂。这次的听课经历，让陈道蓄教授回想起听过的一次生理入门课，按说授课教师也有可能罗列名词概念，如身体各部分的结构、机能等。但是授课教师选择如下问题作为讲课的起点：为什么世界上的人生活在千差万别的气候条件下，但正常人的体温总是一样的？以此为主线，授课教师带领学生领略了人体各个有机部分的关系，以及生命的有机本质。

陈道蓄教授的一番经历令笔者思考教育的目的在于启蒙，而非灌输。笔者教授专业课程时，常常会思考如何以一个有趣的问题为切入点，引导学生深入思考？当然，这样的做法无法保证“面面俱到”地传递知识，也不要求学生背这个，背那个。若这些知识的基本含义没有传达给学生，学生即便背下来了，又能怎样呢？其中，很重要的一点是要教会学生如何发现问题、解决问题。

① 蔡志忠（1948 年 2 月—　），台湾彰化人，漫画家。

授课形式幽默[①]

人生苦短，每个学生的学习压力都很大，而参加具有幽默感的课程学习可以帮助学生学习知识、减轻压力。幽默感是指个人有意使他人发笑的行为，具有幽默感的教授分为两类。

第一，具有自我增强型幽默感。带有这种幽默感的学者哪怕在教学和科研双重压力下，也能保持积极乐观的心态，在自己心情郁闷的时候，也能通过发掘事物的积极面让自己迅速开心起来，从而感染学生。这种幽默感是一种应对型幽默，是改变消极状况、处理复杂局势的应对机制。这种幽默感虽然不直接作用于学生，却能让学生觉得教授内心强大。

第二，具有亲和型幽默感。这种幽默感是一种为促进人际关系、以迎合他人和利于他人为目的的幽默，包括讲有趣的故事、讲笑话及逗乐他人的天然诙谐，这种幽默可以增强课堂中的师生互动，缓解师生之间的紧张关系，让学生的心情更加愉快、学习压力更小。

笔者也想获得这种授课的幽默感，却处于夫子之墙数仞，不得其门而入的困境。笔者曾向谢晓晴教授请教如何跳出现有的困境，她言及自己所在的学校对教授的授课质量有较高要求，曾经旁听过一位教学名师的授课，课堂中的这位名师整体状态非常放松，在很放松的状态下，才能传递出幽默感。之所以放松，是因为其对自己的学科知识了解深入，而能够对自己的学科知识具有深入了解的学者，大抵是具有自我研究特色，其学术研究达到了一个较高境界，可以把自己的学术研究与日常生活经历结合起来，融会贯通，这样才能幽默到点上，使得学生有同感，学生才能会心一笑。

大众普遍认为，衡量学者能力的标准仅仅是其学术造诣，但却忘了衡量其教书育人的水平。唯有好为人师、善为人师的学者才是真正意义上的学者。

---

① 表现出幽默感的学者可能是因为对所讲授的话题具有深刻的研究领悟力，关于研究领悟力的进一步讨论见 P45《2.1 问渠那得清如许》一文。

6.2 课程的管理

周跃进教授:“李培根院士在2016年全国工业工程年会上提出的关于授课的一个观点是，授课的目的不是给学生提供碎片化知识，而是培养学生将不同专业知识或信息连接起来的能力。”①

嬴豫：“这种能力具体所指为何？”

周跃进教授：“通过上课使学生具备能够将不同领域理念与概念联系起来的能力，能够持续自我学习的能力，能够知道从哪里可以找到所需要知识的能力。”

嬴豫：“对授课教授提出了更高要求。”

周跃进教授：“教授要引导学生善于关联相关知识，要调动学生主动学习，改变对学生考核的内容与形式。”

① 李培根（1948年一 ），湖北人。2003年当选为中国工程院院士，华中科技大学原校长。

教学擂台（朱颖弢）

三尺讲台迎冬夏，一盒粉笔绘春秋。

——佚名

对于授课教授而言，课程的管理主要包括：准备一份具有契约精神的课程大纲，选择一套成熟教材，鼓励学生自学，获得学生反馈，从而持续改善授课质量。

完善课程大纲

无论是桃李遍天下的资深教授，还是风华正茂的青年教授，当要开设一门课程的时候，都要问问自己：为什么需要开设这门课？若开设，要教什么？课程结束后要考什么？上述的这一切都要体现在课程大纲中。

课程大纲是课程的灵魂。从大纲内容来看，它很像一件产品的说明书，告诉学生怎么上这门课，什么时间做，怎么做，可以做什么，不可以做什么。一门成熟的课程，其课程大纲非常详细，包含考核要求、作业要求、学术法则，以及每次课程的知识点、要读的教材章节、需要准备的案例、需要提交的作业的时间节点等。

课程大纲保护学生的利益。比如，大纲上已经写明了学期当中要完成的功课，教授就不能随便再加别的任务，学生知道他们这门课要写几篇论文，甚至知道每篇要写几页。如果教授心血来潮作出改动，学生就可以拿出大纲来维护自己的利益，当然作为甲方的教授，通常会在大纲的末尾留一行字，阐明保留修改大纲的权利，也警醒着教授和学生保持一种职业的师生关系，学生不要试图跟教授做朋友，教授也要和学生保持一定距离。

课程大纲需要被持续改善。面对汹涌的知识创新浪潮，学者无一例外地都会面临着知识陈旧速度快、知识更新需求迫切的挑战。逆水行舟，不进则退。教授需要保持警惕心态，系统梳理这门课程的授课内容及进度安排，以便按此节奏展开课程的讲解。另外，及时修改大纲相当于教学供给侧的结构改革，是优化产品结构、适应时代和国家战略新需求，要去除陈旧库存和产能，否则就可能会在新的重大需求面前倒退。

选择成熟教材

每门课程都需要一本教材，教材应该选择一本厚的、内容多的、系统的，能够给学生展示各种树林。也就是说，好的教材就像一片茂密的森林，郁郁葱葱，生命力强。而这片森林又是由许多不同特色的树林有机组成的，彼此连接，彼此依赖。教材中的每个章节就是相对独立的树林，而教授授课的过程就是让学生逐渐看清楚这片茂密森林中各个树林之间的有机联系。因而，教授在组织课程时，需要另外一种视角，即从树林中跳出来，从一个森林的角度来看知识体系。

成熟教材中的知识体系久经考验，作者在上课过程中，依据讲授的感受和学生的反馈，不断地微调；而且教材的接受面广，不仅作者自己用，其他同等水平学校的教授开设类似课程时也会采用。其他学校的教授能够提供更多不同角度的反馈意见，这对于完善教材更有帮助。也就是说，在这个研究领域中，至少有一个群体在使用同一本书，群体的共同努力，使课程材料被建设得更好，让这门课程的社会价值得到广泛体现和接受。这样的合作，有利于本学科在和其他学科的竞争中，具备更大的优势。

成熟教材保证了知识传承的稳定性。在阅读文献和研究文献的过程中，难点在于如何构建一个具有可分析性和推导性的模型假设，这种基本功来自工具课程的训练，而工具课程更是要求有成熟的教材体系作为支持。董灵秀教授的办公室有两个书橱，一个是存放自己常用到的工具书和讲义，另一个是存放与课程相关的工具书。董灵秀教授说工具书就是学者的看家必备工具，是正在讲授的随机动态规划课程的指定教材，雏形是她自己当年在斯坦福大学修课时使用的讲义，该书的作者当时还只能给学生提供不成形的讲义，当年的上课笔记记录了该书稿讨论和修改的历史过程，这才有了现在较为成形的讲义。

在中国，有些课程采用的教材是国外的翻译版本，因为翻译水平参差不齐，读起来和用起来总是有些名不正、言不顺。贾良定教授深切体会到了用最新、最鲜活的中国企业管理实践充实教材，帮助学生学习管理学概念、理论和方法的益处。他与合作者为了《管理学》复旦第六版（周三多等，2017）、高教第四版的两本教材的改版，花费了数月时间，访谈企业家、管理者，采集有亮点、有特色的企业管理案例。在这个过程中，不仅自己不亦乐乎，想到将来又能得到读者的认可，更是不亦乐乎！

鼓励学生自学[①]

学生在学习过程中，应当依据大纲，在每次课程前进行自学。笔者强调的是自学，而不是预习。若学生不提前自学，在接下来的这堂课中，他可能就不知道教师在说什么。笔者所在学院的教学院长曾经问笔者，若学生不自学，也听不懂，怎么办？笔者的理解是：小孩子一顿不吃也不会饿死，学生有了一次没有听懂的经历后，绝大多数学生能够被激发起自尊心，在下一次课程中，为了要听懂，能够跟得上教师的进展，学生就会主动自学。

正是因为课程强调学生的自主学习，才能灵活地处理上课的实际时间的变动。在美国没有所谓的阴历，放假是按照某月的第几周，教师很早就知道哪几周要放假，在安排课程大纲的时候，是已经调整好的。中国的假期有些是农历，涉及调休，就会出现不同年份实际的上课周数不同。若让学生理解这门课是“自主学习+课堂引导”，但是那个“课堂时间”碰巧被放假了，那么学生就知道该看的书照看就是。如果放掉的那堂课确实有些重要概念需要引导，既然重要，接下来总会用到的，那就要多留心、多引导一些。

笔者认为课程的完整主要是线条的完整，不是“点”的完整。比如，一门数学课，绝不存在 100 个“绝对重要”的定理，少讲一个也不会影响学生对数学的领悟。

获得学生反馈

大多数时候，在师生关系中占主动地位的是教授，但有时主动权会反转到学生手上，即学生评价教授。

学生对教授的评价分为两类：第一类是非量化的评价。如果学生对教授的教学不满意或被教授的言论冒犯，比如，关于种族、阶级和性别歧视，除了在同学

① 能够自学的学生可能更愿意主动解决问题，关于主动解决问题的学生的进一步讨论见 P3《1.1 学生如何与教授相处》一文。

间抱怨外，还可以向系主任或学院领导反映。这样的意见往往是有效的，因此使学生满意十分重要。在具有质疑精神的课堂上，教授是鼓励学生用批判的眼光解读教学成果的。在不具备质疑精神的课堂上，教授是“通过设计，形成奖赏顺从、鼓励服从、培养同质化的思维体系”。在这样的背景下，无论是浅薄的冒犯还是深思熟虑的批判，都具有一定的风险。

第二类是量化的评价。除了民间网站 ratemyprofessor.com[①]之外，最典型的是各大高校开展的期末学生评教，学校管理者很大程度上开始依靠这些统计数据来评判一个教师的教学质量，以此来决定该教授是否能升职及留任，这对助理教授和兼职教授来说影响颇大。

在学校内部开展的打分评价系统，其中的客观性有待商榷。一方面，学生或不具备打分的能力和心态，那么学生给教授打分的合理性也就存疑。另一方面，打分者和被打分者由于打分及对打分的反馈所构成的二重反馈而形成了一个利益共同体。

学生受到教授对其利益的约束，而教授将被打的分数与自己的心理预期相比，同样会受到评价的约束。学生对教授有打分的资格，当学生自身利益与教授无关而仅仅与真实性挂钩时，学生大多会选择按实际给分。而一旦这种利益挂钩形式变换一下，则大多数的学生会选择给出更高的分数。可以看出，这种利他性就是利己性的一种表现形式而已。当学生和教授间的利益联系完全切断后，才能获得最为真实的分数。

不过，在顶级大学，重视教学的教授有可能会被轻视，而且其做学术研究的态度会被怀疑，因为花在教学上的每一分钟都意味着牺牲了学术研究的时间。所以，赢得“最佳教学奖”对于将来要申请更多学术头衔的学者而言，可能具有严重的打击性。这其中需要一个权衡：如果教学水平太差，肯定对自己的职业发展不利；但是如果太出色，会引起学校对自己产生研究投入不够的怀疑。两者之间如何平衡，笔者也琢磨不透，不过目前主流的学校对教授价值的评价依然是学术研究成果导向的。

---

① ratemyprofessors.com（RMP）是一个评论网站，成立于 1999 年 5 月，由软件工程师 John Swapceinski 创立，大学生可以通过此网站对自己的教授和校园进行打分，http：//en.wikipedia.org/wiki/RateMyProfessors.com[2017-06-01]。

6.3 入学术界与否

董昶博士生：“看了中央电视台《新闻调查》栏目组 2017 年 2 月 11 日播放的关于毕业就业话题，拍得很好，折射出找工作时的复杂情感。这令我更深切地感受到当年您对我支持的珍贵，可以说我的人生因此走向了完全不同的方向。谢谢!”

嬴豫：“你有做学术研究的潜质，值得拥有更好、更多的学术资源支持。”

董昶博士生：“有很多有能力的人，只是我能有幸得到老师的帮助。我会继续加油的。”

嬴豫：“加油。第一篇论文的研究工作注定艰难，无论质量高低，先写出来，再慢慢修改。”

书院

鱼，我所欲也；熊掌，亦我所欲也。

——《孟子·告子上》

学术界是一个由学术道德、期刊评审制度等看不见的制度所构成的精神世界，同时也是一个由学者、学术会议、学术机构和学术活动等这些看得见的实体所组成的物质世界。学术界以探索未知世界为主旨，学术界中发生的各类活动可以统统归为知识的交换与创造，从这个角度讲，其与发生各类商务交易和资产增值的工业界也没什么不同。

学术界工作的独立性高

学术界的工作最令人青睐的好处是独立性。即使不是资深教授，在以何种形式上课，开展什么样的科研项目，与谁合作，申请哪项基金项目，投哪个期刊等方面，在多数情况下，学者还是有决定权的。尽管学者的学术生涯仍需部分地依赖于其他人，比如，论文和基金项目评审人的意见，但至少是自己主动提交，让同行审阅的。即使自己失败了，也知道是自己做的哪个决定导致了某个方向的错误，而且至少自己尽了最大努力，感觉像是一切尽在自己的掌控之中。

当然，高度的独立性也存在两面性。由于没有传统意义上的老板，没有其他人推动自己做事情，学者必须要具有很强的自律性和对研究选题有极大的兴趣，方可不断地进行自我激励来发展事业。

如果一个人更在意工作环境的独立性且自控力高，学术界的工作可能更适合他。

学术界的工作易获得外界的认可

在工业界工作，任务主要是怎么做。多数人的工作内容可能一成不变，工作贡献也可能很难被外界知晓，只有极少数的顶级商业领袖才有机会向外界展示个人的强大魅力与企业家精神。比如，一家公司在媒体上推广一个项目，聚光灯下的往往是负责该项目的高管，而项目背后的研发人员往往不为人知晓。若所做的项目涉及机密，公司可能永远不会公开发布产品，更不用说在履历中提及自己在该项目中所展现出的能力了。

而在学术界工作，任务主要是探究为什么。多数学者可通过在顶级期刊上发表论文，不断地提升个人的智力价值，展示自己对未知世界的领悟力。学者所做的每一件事都属于自己的，比如，发表论文、撰写书籍、接受媒体采访等，这些都能让外界知道自己的付出与成果。不过，学者可能花费了很多精力完成了一篇论文，因各种原因无法发表，每想到这种可能性，笔者便觉得自己的学术之涯充满了各类遗憾和失望。

在具象层面上，学者的学术声誉表现为所培养出来的学生。师生之间最美好的画面莫过于彼此成就，为师者，可以领略由因材施教而带来的桃李满天下的幸福感，为生者，可以体会青出于蓝而胜于蓝的成就感，真是一桩美事。

学者的声誉不是一朝一夕就能建立起来的，其背后有无数个辛勤工作的日与夜。每个领域的经典论文都是经历了几年甚至几十年的思考，才成就了一篇顶级之作。况且顶级期刊的审核标准极高，要在前人的研究基础上有所创新，有所建树，更是难上加难。每个初出茅庐的青年才俊的背后都有多位无私的日复一日地培养他或她的教授。

如果一个人更在意来自外界的评价，并希望为自己取得的成就感到骄傲，学术界的工作可能更适合他。

在学术界工作环境稳定

在工业界，多数人只是一部大型机器上的小零件，自己的职业命运往往由上层决定，很多事情会超出自己的控制范畴。比如，自己努力工作的项目会由于某些与项目无关的原因被取消；某天会收到一封告知自己所在的团队被解散、自己被分配到另外一个团队的邮件；更糟糕的情况是，可能在没有任何预先通知的情况下，自己就被裁员了。譬如，2014 年 9 月，微软关闭硅谷研究院，50 位顶级工程师前途未卜。[①]

① 微软关闭硅谷研究院，50 位顶级工程师前途未卜. http：//tech.sina.com.cn/it/2014-09-19/10039624826.shtml [2017-05-16].

在学术界，只要自己愿意，就可以每周花 30 多个小时坐在办公室里，关上门做自己想做的事情，甚至可以经常不来办公室，躲在任何一家咖啡馆都可以。不过，如果真的懈怠了，那么年轻学者可能拿不到终身教职的合同，资深教授可能不能获得升职和加薪的机会，久而久之，虽然不至于被学校解雇，却会被学校和学术界边缘化。也就是说，学术界的工作形式相对自由，有时看起来又是“不务正业”，但是学者必须努力工作。相比之下，如果笔者在工业界工作，日日在公司的小隔间中不务正业，譬如逛网店，刷朋友圈，看育儿手册等，那么自己很可能会在那个周末遭到训斥，并被警告、公示。

工作环境的稳定与否，取决于自身的主动与否。就像在学术界中也有懈怠的学者与勤劳的学者一样，在工业界，有人主动要求变换工作环境，也有人甘愿一直在某个职位待下去。只不过对于学者来说，其更青睐一个稳定的学术环境，能够给自己腾个地方潜心专注于自己的研究。对于工业界中的人士而言，过于稳定的工作环境可能就是煮死青蛙的那一盆水，其更希望通过一个个跳板去实现自己在这个行业中的价值。学者所攀登的“高峰”也许自我意识更强烈一些，不需要过多关注自己身处的外在条件，工业界人士所攀登的“高峰”是要依托于这个行业的发展与挑战，如果一切都稳定下来，何谈机遇？

如果一个人更在意工作环境的稳定性，学术界的工作可能更适合他。

在工业界工作自我价值实现快①

多数学者投身学术界的最终目标，是希望能为人类社会作出一点积极的贡献，但是越来越多的商业组织如谷歌等却利用各种科技切实地推动着世界的进步。2015 年，Uber②从卡内基 • 梅隆大学机器人中心挖走了 2/3 的学者，面对相同的待遇，这些学者认为相比学术界，在工业界更能够取得成果，更能体现自身价值。③

---

① 虽然在工业界自我价值实现快，但是在学术界的学者有更多机会建立起自我研究特色，进一步讨论见 P167《5.1 具有研究特色》一文。

② Uber（Uber Technologies，Inc.），中文译作“优步”，是一家美国硅谷的科技公司。2009 年，由加利福尼亚大学洛杉矶分校辍学生特拉维斯 • 卡兰尼克和加雷特 • 坎普创立。

③ Uber gutted Carnegie Mellon’s top robotics lab to build self-driving cars. The Verge. http：//www.theverge.com/transportation/2015/5/19/8622830/uber-self-driving-cars-carnegie-mellon-poached[2017-04-10].

研究结果对现实的贡献主要取决于教授对工业界的直接吸引力。在管理学领域，一位学者若课上得好，学生工作后遇到类似问题时会自然地到教授那里寻求帮助，甚至请教授到所工作的企业访问并做报告；当然，课上得好的学者，或是归功于在备课上工夫下得深，或是归功于做的研究和现实联系紧密。更进一步，有些学者会选择自己开公司把自己的研究成果转化为生产力。很多学术大家不仅能写一手好文章，还不断地借助于开公司、卖公司，赚得一把好钞票，并且中共中央办公厅、国务院办公厅也印发了《关于实行以增加知识价值为导向分配政策的若干意见》①，从政策层面上鼓励学者把知识转化成生产力。

如果一个人更在意自我价值的快速实现，工业界的工作可能更适合他。

在工业界工作回报快

坚持在学术的赛道上，未必能够获得丰厚的金钱回报。Kahn 和 Ginther（2017）采用了美国国家科学基金会的数据，追踪了数千名在 1980—2010 年获得学位的博士的职业生涯。结果发现，作为一名典型的生物医学博士后，经过 4～5 年的博士后工作后，年收入约为 4.5 万美元。而进入工业界的博士生，起薪的平均水平约为 7.5 万美元。也就是说，相比获得博士学位后立即在学术圈以外开始工作的人，那些曾经从事过博士后工作的同龄人，其职业生涯的初始阶段收入更低。

在工业界，可能会非常快速地获得回报。如果运气好，碰到一些既助人为乐又风趣幽默的团队成员，还能得到额外的收获。笔者和朋友们经常自嘲，毕业后去工业界工作的学生的薪水是高于他们的老师的，这也是另外一种形式的青出于蓝而胜于蓝吧！但是，初进职场的年轻人获得的较多的金钱回报与承受的压力成正比。

如果一个人在意较快的金钱回报，工业界的工作可能更适合他。

工作本无高低之分，学术界与工业界各有所长。若一个人偏爱独立性，希望建立自我声誉，并且想在一个较为稳定的环境下工作，那么可以选择学术界；若比较在意即刻回报，并且希望借助其他人的力量来激励、指导自己，那么选择工业界则更合适。

---

① 新华社北京 11 月 7 日电. 中共中央办公厅、国务院办公厅印发了《关于实行以增加知识价值为导向分配政策的若干意见》. http：//www.gov.cn/zhengce/2016-11/07/content_5129805.htm[2017-05-10].

6.4　进与退学术界

赢豫："这学期教授什么课程？"

付琦教授："项目管理类课程。我之所以能够拿到目前所在学校的教职，一部分原因是我可以教授这门课程。"

赢豫："学校对应聘者除了有科研方面的要求外，还要求能够讲授一些特别的课程。例如，现在许多学校的运营管理专业都开设了有关商业分析的课程；又如，学校的一些教授离开或者退休了，需要一些人来承担起这些教授之前所教授的课程。"

付琦教授："当初我找工作的时候，所应聘的学校正处在课程改革期，恰需要教授项目管理类课程的教师。若现在毕业的博士生找工作，可能会被问到是否能够教授商业分析类课程了。"

进入

城中的人想出去，城外的人想冲进来。婚姻也罢、事业也罢，整个生活都似在一个围城之中，人永远逃不出这围城所给予的束缚和磨砺。

——钱钟书：《围城》

初进学术界

进入学术界工作的行业壁垒高于工业界。初进学术界的人至少需要接受过一段时间系统而严谨的学术训练，还要为未来的雇主呈现出自己的研究潜力。若一个人在工业界工作一段时间后，想再进入学术界，再呈现自己研究方面的潜力，恐怕要面临来自雇主的很多质疑与挑战。

在学术界工作的学者不只是发表学术论文、指导学生，也可以与工业界的人士合作，为其提供解决实际问题的方案。在一次学术会议的茶歇时分，笔者请教李建斌教授如何将实践问题转化为有价值的研究选题，他回应道："这的确是一个苦楚而漫长的过程，在最初的几年，因对实践问题的领悟力还不够，只能把相关的研究工作发表出来，无法要求发表在什么级别的期刊上；随着岁月的磨练，已经具备了在较好期刊上发表基于实践的研究论文的能力了。"

一直在学术界工作的学者若要获得对实践问题的切身体会，必得从读博士阶段就开始培养这种素养。董灵秀教授回忆，她在美国硅谷附近的一所学校攻读博士学位的初期阶段，日日苦读文献，却未能挖掘出令自己眼前一亮的研究选题。有一日，她在走廊上遇到自己的导师，陈述了自己现在所面临的苦恼，导师建议她走出校园，到位于硅谷的一些企业中去，用眼睛和耳朵去感受实践中的具体问题，再回到办公室，带着这些问题去读文献，或许就能发现有趣且有价值的研究选题了。就这样，一来二去，董灵秀教授逐渐掌握了如何从实践问题中发现研究选题。

离开学术界进入工业界比较容易，而离开工业界进入学术界却比较困难。如果对两类工作都好奇，为避免将来自己后悔，可以先进入学术界，四处看看。原因之一是，在回忆中，我们很难理解当时为什么没有采取行动。换句话说，当我们回忆过去的时候，在过去显得特别大的障碍，现在看起来似乎微不足道——障碍会随着时间的流逝而减退。原因之二是，有所作为的结果更容易确定和处理。但是，我们没有走过的路，一切都是那么神秘，我们永远也不会知道自己错过的风景有多么美好，或者错过的就职机会有多么令人满意，从而使得已错过的机会只能出现在我们的想象中，时常回荡在我们的心头。

退出学术界

一旦进入了学术界工作，有些学者可能非常喜欢教书，但不愿意批改试卷；有些学者可能非常喜欢做研究，但授课水平不能令学生满意，久而久之，就无法自我构建一个良性的教学学术工作氛围。特别是若这位学者是在商学院工作，授课水平不高，可能会导致其被动离开该商学院。有些学者对所研究的错综复杂的问题非常着迷，但也希望参与一些的确有用的实践工作，显然是因为撰写深奥的论文并不能即刻带来应用价值。

若学者打算离开学术界，首先给自己一点时间思考：如果不做学术，还喜欢做什么？笔者的脑子里总有一个细小的声音在轻轻地说，自己唯一会做的事情就是写运作管理方面的论文。如果确实如此，那麻烦就大了，幸运的是，并非如此。笔者与一位朋友多年未曾联系，因故再联系时，方获悉他已经离开了学术界，去了一家国际化咨询公司做运作管理方面的咨询工作。他笑言，虽然离开了学术界，却没有远离自己曾经从事的关于运作管理的研究选题，只不过现在是通过咨询公司为企业提供运作管理方面的服务。

工业界所需要的一个人的才能，除了专业方面的，还有如下一些。

多数学者的沟通能力不错，工业界会很欣赏。当研究大体完成后，需要通过学术报告展现自己的研究时，其中就涉及与其他学者的沟通。一方面，学术报告可以让更多的人了解自己所做的研究；另一方面，自己可以通过学术报告收集对研究有益的信息。

拥有做好学术报告的能力是不可或缺的。[①]一个好的学术报告要求报告人制作一份简明扼要的演讲文档，采用合适的语气、腔调并有逻辑性地展开，同时又

① 关于做学术报告方面的进一步讨论见P117《3.5 做学术报告》一文。

要让自己的语言生动具体，从而使听众易于接受，其次还要表现出良好的舞台风度。当进入工业界工作后，免不了与同事和领导沟通，此外，工作中也会有不少场合需要做报告，此时自己便可以借鉴曾经做学术报告的经验。

多数学者具备质疑精神，这也是工业界所需要的。[①]进入工业界工作后，一个人若是只会按照既定的常规办法去做一件事，那么这个人可能随时会被炒掉，因为能替代他的人实在是太多了。所以，即使做着简单的工作，也要思考是否有更高效的方式完成工作？是否能把工作做得更细致、更完善？已有的某些工作流程真的必不可少吗？是否能以某种方式简化工作流程？

但在工业界，当对同事或领导的做法有异议时，决不能简单地当面提出，应当综合考虑多种因素，采取恰当的方式来表达。相对而言，做学术研究时，对导师或者其他学者的观点提出不同意见，他们可能会包容你，因为对学者来说，不同思想的碰撞有利于研究的进行。但是，这并不是说在学术界的学者就可以过于直接地表达不同意见，交流的目的是有效地交换意见，共同促进学术研究进展，因而在实际中，要因人而异，采取有利于双方交流的合适的方式。

退一步讲，仅仅是完成一系列论文，也能证明自己具备独立思考能力，并且具备寻找解决方案的经验。

即将去工业界工作的石玲同学回忆，在有限的研究经历中，当怎样变换最初构造的模型都无法取得预期结果时，便开始心灰意冷，以为这项研究进行不下去了，也曾问导师："如果这项研究得不出来像样的结论怎么办？"导师微笑着回答："既然开始了，我们就要相信一定能发现一些有趣的结论。"她自己想想也是，如果教授做每篇文章遇到问题时都像自己这样觉得研究做不下去，那还怎么发表得了那么多论文呢？所以，又恢复了些许信心，开始和教授不停地讨论模型的改进，也开始加入了自己的思考，而不是像起初那样按照教授给出的模型处理数据。

再进学术界

在学术界工作需要掌握的思维技能同样适用于工业界，那么，在工业界工作需要掌握的思维技能是否同样适用于学术界呢？换句话说，那些从工业界转行入

① 关于质疑精神方面的进一步讨论见P151《4.4 可质疑》一文。

学术界的人，他们的思维是否有优于一直在学术界工作的人的思维之处呢？

学术界强调质疑精神，而工业界强调挖掘实际问题的思维。由工业界转回学术界，而且研究做得很好的学者也存在，依笔者的了解，这类学者占学术圈中的学者总数的比例较低，毕竟工业界和学术界所强调的技能还是存在显著差异的。

笔者所在的研究领域，有为数不多的学者是在工业界工作一段时间后，再进入学术界工作，并且研究工作也做得非常出色。一位学者之前在一家咨询公司工作，再进入学术界工作之后，他把在工业界工作中对复杂问题进行形象化、简洁化描述的风格带到了自己的授课和研究过程中。笔者曾听到这位教授做报告，那时的感觉，仿佛身处某个咨询项目汇报会议中。还有一位学者之前在一家金融公司工作，再进入学术界工作之后，他把对实践问题的真实体验带到了研究过程中。在构建研究假设时，不同于一直在学术界工作的学者，侧重于构造自己能够处理而不是实践中最重要的因素，他能够抓住实践问题中的关键因素，并以简洁的方式呈现出其中彼此的影响。

李杉教授在博士毕业后，进入了工业界工作，她的工业界导师给她讲的第一句话就是抛弃在学术界的以发文章为目标的研究模式，对于一切项目，要以实际商业影响作为衡量标准，在工业界，衡量成功的标准是一个人能给公司带来多少绩效，一个漂亮的理论模型如果不能在实践中找到对接口就没有价值。在工业界的工作经历锻炼了李杉教授，使她跳出主要思考技术细节的局限，培养出对问题大格局观的敏感性，并且在工业界的经历使她亲身体验了工业界要解决什么样的问题，需要什么样的人才，这些宝贵经验为她日后回到学术界更好地教学、培养学生提供了帮助。

百合有百合的清新，玫瑰有玫瑰的娇艳。学术界的进入壁垒较高，为了避免将来后悔，即将毕业的博士生可以选择先进入学术界。进入学术界工作后，如果发现自己不愿意批改试卷，或希望直接面对实际研究问题，也可以凭借学术训练所赋予的专业知识训练、质疑精神、做报告能力和独立思考能力，赢得一份在工业界的工作。若在工业界工作后，发现自己不满足于“怎么做”，而是好奇“为什么这么做”，同样可以凭借工业界的工作训练所赋予的挖掘实际问题的思维能力，赢得一份在学术界的工作，也可顺带证明自己廉颇老矣还能写得一手论文。

6.5 勿触学术不端红线

《吕氏春秋 · 自知》:

范氏之亡也，百姓有得钟者。欲负而走，则钟大不可负；以椎毁之，钟况然有音。恐人闻之而夺己也，遽掩其耳。恶人闻之，可也；恶己自闻之，悖矣。

释文：

范氏灭亡了，有个人趁机偷了一口钟。想要背着它逃跑，但是这口钟太大了，背不动；于是用槌子把钟砸碎，刚一砸，钟镗镗的响声很大。他生怕别人听到钟声，来把钟夺走了，就急忙把自己的耳朵紧紧捂住。他以为捂住自己的耳朵别人就听不到了，这就太荒谬了。

掩耳盗铃（朱颖弢）

由之行诈也！无臣而为臣。吾谁欺？欺天乎？

——《论语》

在某网店的商品介绍里，店主介绍他们是一家生物公司，该店除了提供实验数据分析方面的服务外，店内销售最为火爆的是论文版权转让和快速发表，国家级、省级基金医学项目申请标书的撰写，以及硕士、博士毕业论文开题报告、综述、正文和答辩讲义的撰写服务。这引发了笔者的思考。

显性学术不端行为

显性学术不端行为，是指直接窃取他人的想法、过程、结果或文字而未给予他人贡献足够的承认。该行为包括如下几种做法。

第一类，杜撰资料或结果并予以记录或报告，即无中生有。

第二类，篡改资料或结果导致研究记录没有精确地反映研究工作。其一，篡改数据，以部分实践数据为基础推测研究结论，而对以其他实践数据为基准推测出的相反研究结论进行修改；其二，拼凑数据，按期望值主观取舍、任意组合实验结果，或者把与期望值不符的实验结果删除，只保留与期望值一致的实验结果；其三，故意曲解文献，即故意曲解所引文献的观点的适用范围和可信度，让一个文献综述看上去比原文更具确定性或范围更宽泛。

第三类，窃取他人的想法、过程、结果或文字而未给予他人贡献以足够的承认。具体包括：其一，盗窃他人谈话时透露的设想或初步成果，并加以研究，然后不经许可就予以发表。笔者曾听到同行们把一位屡犯不改的学者称为“学术强盗”。其二，一位学者仅仅指导了某项研究，而在联名发表论文时，他的名字排在重要位置，这样就把研究工作的主要功劳据为己有。名字排在前面的作者是资历高的作者，但所谓资历高是他在这项研究中负责的工作多，而不是他担任的职位高。其三，在转述独特的学术见解、逻辑或其他信息时，没有清晰地将他人及自己的学术见解、论断和逻辑区分开来。

隐性学术不端行为

隐性学术不端行为表现为自我窃取和无意的窃取两类，这两类行为不易被人察觉，却更要对之防微杜渐。

第一类，自我窃取。其主要是指重复使用自己已经发表的论文中研究方法部分的一个段落，这也许是最容易被忽视的一种抄袭方式。尽管自我抄袭不是剽窃他人的原创学术见解，但是这种行为也是不正确的。

第二类，无意的窃取。这是一种无意的掩耳盗铃，窃取者常常称自己是忘记点子从哪里来，很可能是因为看了、听了很多信息，也跟很多人交换过意见，见多识广，脑中的信息量变得很庞大。虽然上述说法很可疑，但若从记忆的观点来看，是很有可能发生的。记忆大概分为两种：一种是语意记忆，此类记忆与对世界的认知及概念理解有关；另一种则是情境记忆，其内容是关于事件发生时的环境事物及情节。随着时间的推移，人们或许还能记得语意方面的记忆，但是情境方面的记忆却变得模糊甚至想不起来了。这时就会发生把他人的点子误认为是自己所原创的现象。

或许有人会反驳说，虽然知道记忆可能会出错，但学术论文中的抄袭可不一样，因为学术论文是一项有意识的创新工作，怎么可能会一不小心写出类似文章呢？Brown 和 Murphy（1989）探讨了人们混淆他人与自己的观点的难易程度，发现人们具有一种错觉：认为这是自己原创的成果，但其实是无意间参考其他人想法而得到的成果。他们的实验分成三个步骤：首先，让参与者 4 人为一组，轮流提出与某一概念相关的词汇，例如，讲出与乐器类有关的字词，此阶段每位参与者会轮到 4 次且不能有所重复。其次，要参与者回忆刚刚自己提出的 4 个字词。最后，则是请参与者试着给出另外 4 个全新的答案。

Brown 和 Murphy（1989）发现，在第三阶段要给出全新字词时，有些参与者会讲出其实早就被讲过的答案，且他们不会察觉自己正误用旧字词，甚至还以为那是他们新想出来的。另一个发现是，最常被误用的字词的来源是前一个参与者所提出的答案。这是因为当参与者在处理上一个人的答案时，脑中同时在思考待会儿要说什么，时间久了，就容易忘记那观点究竟属于谁。

在窃取与非窃取两种区域之间没有明显界限，中间是一片灰色地带：重新表述他人的研究成果。引用是对他人贡献的评判，也可以让感兴趣的读者找到更多的阅读材料。直接引用原文中的语句要使用引号，且要确保每一个单词和标点都相同，重新表述要确保含义相同。在重新表述的过程中，会使用高度相似的词汇或者句式，这不算窃取，所以不需要绞尽脑汁地在这里浪费时间。

学术不端行为的温床

不存在严谨的学术规范、客观公正的评价体系，不容易区分开创新和抄袭。创新者和学术不端者知道自己的水平和投入，但是读者或许没有相应的鉴别能力，他们只知道两者观点相同，但不知道谁是原创的，谁是窃取的。久而久之，越是从事创新的学者越得不到公正评价，而学术不端者会得到越来越多不属于他的声望与奖励，最终所有学者都不愿意创新，而把应该用于学术研究的精力都用在学术不端中了。

建立端正的学术行为①

准确地引用文献②。在阅读文献时，要十分谨慎地记录下所有参考文献的来源。可行的方法之一，就是多花点时间留点心去记录，虽然记忆不一定精确，但可以用辅助工具做成简单的来源对照表。然后，自己写作之时，尽量不要让自己无意识地处在丰富的文献之中，如此便能有效地降低自己无意地临摹他人的研究工作的概率。退一步讲，在研究初期，学者阅读文献时，尽量选择几篇经典的文献，保持少读、精读的状态吧！

可行方法之二是管理文献。利用文献管理工具的原因之一，在于此项技术能提供一种可搜索记忆的功能。想象一张堆满了论文的桌子，电脑里充斥着存放各类文件的电子文件夹，在很多时候，电脑文件夹不容易操控。不过，有了文献管理软件，知识被埋葬和被发现之间只有一个关键词的距离。

不过，文献管理软件仅仅是一个工具。在文献管理软件诞生以前，也有很多顶级的学者，所以软件未必是科研工作者必需的东西，也不是成为顶级学者的必

---

① 关于尊敬对手的精神的进一步讨论见 P125《4.1 具备体育精神》一文。

② 关于参考文献引用的进一步讨论见 P67《2.4 登泰山而小天下》一文。

要条件。

采用反抄袭检测工具自我检查。随着学术经验的积累，学者能很快地识别出他人的论文或学生提交的作业，是否带着一股复印机的气味。除此之外，很多学术期刊已开始使用抄袭检测工具，如 CrossCheck，通过对投稿的论文与大量已发表论文的数据库进行检索和对比来检测是否存在抄袭。

维护同行评议制度[①]。虽然学术行政化和功利化有可能毁灭学者本应有的学术尊严，进而影响到同行评议制度的正常运转，但是同行评议制度设计的初衷是基于学术诚信与学术尊严，实行同行评议，强调学者的声誉，多数学者也十分珍惜自己的声誉。

学术刊物出版集团施普林格[②]发现，一些需要同行评议的论文，论文作者提供了评议专家的名字，但伪造了其电子邮件地址，当审稿邀请被发送到伪造邮箱时，就会收到对论文持正面评价的意见，以便论文被期刊采用。为了维护学术声誉，施普林格撤回这批相关论文。[③]

学术不端行为稀释了有价值的学术研究的影响力，更败坏了学者的形象。每每看到学者抄袭事件曝光，总是令人痛心疾首。这是对学术同行的不尊重，也无助于自己的学术进步，实在是自毁前程的行为。

学者必须无时无刻提醒自己要小心谨慎，这样才有底气向同行说，这些文章都是自己一点一滴努力得来的，由此得到的尊重才会有一定的分量。

① 关于同行评议制度的进一步讨论见 P197《5.5 理解同行评议制度》一文。

② 施普林格出版集团（Springer Group）创立于 1842 年 5 月 10 日，总部设在德国，是德国第三大出版公司，国际著名科技图书出版集团。

③ Retraction Note to Multiple Articles in Tumor Biology. http：//link.springer.com/article/10.1007/s13277-017-5487-6 [2017-04-23].

6.6 避免学术职业危机

宋京生教授："最近在做什么研究选题？"

嬴豫："关于如何把行为因素用到运作管理研究领域中的思考，最近在做的是一个报童模型的问题……"

宋京生教授："还在做报童模型？我以前的一个邻居，最近见面后，她问我，你还在做排队论吗？从外人的角度来看，不理解为什么排队论或报童模型值得做那么久，但是在每个研究领域中，好奇心在发现新的研究问题、解决问题的过程中都发挥着重要作用。"

笑到最后

我独泊兮其未兆，如婴儿之未孩。[①]

——老子：《道德经》

一个人接受学术训练的目的就是建立自我，建立自我后，还需不断地维持住自我特色，这个过程中可能会充满困难和挑战。

给予他人帮助

优秀学者的思维与常人不同，他们能够跳出一己私利的小圈子，通过成就他人，摆渡他人，最终惠及所有人。

朱阳教授乐于分享自己的研究心得和观点，笔者在本书的撰写过程中，将一些初稿发布在朋友群，朱阳教授总是充当着义务审稿人的角色，随时提出建议和批评。日积月累，笔者将这些真切的建议和批评融入本书的修改过程中，极大地改善了本书的行文逻辑。

那些悄无声息的帮同行摆渡的人，被同行称为“生命的贵人”。曾经获得数学界菲尔兹奖的小平邦彦[②]就拥有这样一位贵人。小平邦彦被选为东京大学理学院院长，小平邦彦本来从美国的学术界回到日本的学术界工作的条件之一就有不当什么“长”的要求。但是当选者从来没有辞却的先例，只好就任。这样下来开会多，可是没有什么决定权，只有附议权。在做院长期间，小平邦彦去参加一个学术会议，遇到一位学术大家，这位学术大家看到小平邦彦，握手说：“我不能相信你当了院长。”会议结束，他又过来握手说：“我还是不能相信你当了院长。”这是学术大家观察小平邦彦一个晚上后下的结论。没过多久，由于实在疲于应付工作，小平邦彦得到教授会的首肯，提前卸任。

这种乐于助人的摆渡人精神在任何行业都颇受欢迎。擅长游泳运动的叶励垒

① 胡奇英教授的译文：我停在那儿，没有任何要做什么的征兆，就如同还没学会笑的婴儿，你不知道我在想什么。

② 小平邦彦（Kunihiko Kodaira，1915 年 3 月—1997 年 7 月），日本著名数学家，在代数几何和复几何领域作出了重大的贡献。

同学乐于帮助同学提高游泳技术，他说帮助他人，自己会感到很幸福；与此同时，同学也被他的乐于助人的精神和高超的运动技能所折服，而称他为“叶指导”。

给予他人帮助，有助于自己获得更有价值的学术社交圈，那么当自己可能处在学术的“陷阱”中时，也能获得他人的帮助。

获得他人帮助

学术新人需要在接受学术培训期间就建立起社交网络，这能让自己不会觉得建立社交网络只是为了个人利益，避免了学术新人带着请求开始一段关系的尴尬，并使学术新人能够真诚地建立起与同行之间的社交网络，而不是带着隐秘的动机。

笔者在刚进入学术界工作的时候，常常苦恼如何组织学生的日常科研活动。有一次参加学术会议，在去用晚餐的路上，遇到余玉刚教授，他给笔者的建议是，与学生约定好每周见面的固定时间，学生自然会有学习和研究的动力了。自从那时以后，笔者就用这种简洁的方式与学生共度科研生涯。多年后，已经毕业的学生魏菲回忆，每次快到面谈的前几天，自己就非常紧张了，要用更多的时间准备，尽可能减少与导师会面期间被问住的可能。与此同时，经过几年独立学术工作的历练，笔者也成熟了，最近几年虽然不再与学生刻意地固定讨论时间，但通过明确每个阶段中的工作任务，也能保证研究进展的效率。当笔者再遇余玉刚教授，与他谈起这几年的变化时，他笑着言及，这就是无招胜有招吧！

当一个人想要与一些有名望的科研人员会面时，即使他们之前并没有关系，也可以直接联系他们。当笔者到一个地方参加一些学术会议时，会事先联系一名在那个地方的教授，询问是否可以拜访他并请他做一次学术报告，或询问一名教授能否在即将开始的会议期间一起共进午餐或喝杯咖啡。笔者发现，多一点勇气请求与他人会面，自己会为所获得的收获感到惊讶，而这又会带来更多的潜在的学术合作与发展机会。

有时，遇到困难时能够获得别人关键性的帮助，或许我们会感叹自己真是幸运。其实，好运气不是凭空而来的，需要自己的积累。要多做报告，多与同行交流，珍惜每一次难得的机会，把自己和自己所做的工作内容展现出来，从而认识更多的学者，让更多的人认识自己，渐渐地好运气就会眷顾自己。

抓住自我展现的机会[①]

自从笔者有了较为充足的科研经费后，就开始参加各种学术会议。对笔者来说，这种参会频率既可以满足维系社交网络人脉的需求，又不会耽误自己的研究进展。参加不同的学术会议，每个会议都有其特定的参会人员而又存在少量的人员交叉，这样就帮助自己不断结交更广阔的领域的新朋友，同时每年与研究兴趣一致的那些人多次见面，可以加强学者间的联系。因此，做学术报告有助于获得职业发展的机遇。

学术界的各类机会相对较少，因此要能够自我创造机会。你永远都不知道台下有什么人，他可能是你未来的合作人，可能是你未来的系主任，也有可能是正在犹豫要不要接收你的论文的责任编辑。对于报告人而言，可以触动他人心弦的报告，在不浪费听众时间和精力的前提下，益处良多：建立自己的学术声誉，提高自己论文的他引率，激发潜在的合作研究和讨论。

笔者所在的院系需招聘一位学术新秀，当笔者与同事商谈邀请哪些学者时，脑海中首先搜寻的是那些在学术报告中表现出众、给人留下深刻印象的学者。即便已经获得正式教职的学者，也需要重视在同事和所教授学生面前所做的每一场学术报告。徐海燕教授言及她的一位年轻同事郝忠原教授的学术报告效果，平素里，郝忠原教授衣着朴素，为人低调，沉浸在学术的海洋中，不曾给同事留下深刻印象；为加强同事之间的交流，徐海燕教授邀请郝忠原教授面向全研究所师生做一场学术报告，报告结束后，参会师生纷纷被报告人的严密推理、清晰分析思路、有趣的研究结论深深吸引。这样的场合，不仅让徐海燕教授重新认识了郝忠原教授，也让郝忠原教授展示出了自己的研究魅力，吸引更多志同道合的老师与学生，加入到其研究领域，或许还能寻得合适的合作者呢。

管理研究选题的生命力[②]

要避免研究选题不具有使命感。在论文考核机制下，教授醉心于对各种模型

① 关于在学术界获得研究成果的进一步讨论见 P143《4.3 能独处》一文，关于在学术界自我展现的相关讨论，见本书《学术交流》一文。

② 关于研究选题的生命力的进一步讨论见 P45《2.1 问渠那得清如许》一文。

进行演绎，生产出的大量顶尖期刊论文，一不小心就会无人问津，成为只有圈子里的人相互激赏的象牙塔游戏。一些学者在论文发表的模式中浸润多年之后，可能习惯于写出符合学术期刊编辑与审稿人口味的文章，而一旦要将自己的成果在工业界转化为经济效益时，往往无法获得想象中的成功。

要能够作出对社会有价值的研究成果，在研究选题阶段，就需要考虑所选择的研究选题是否具有使命感，预期研究所得到的决策建议是否能够改善社会福利水平。因为在漫长的学术生涯中，存在较长的时间延迟，一定的预见性是必不可少的。如果缺乏预见性，等到问题已经很突出了才采取行动，将会错过解决问题的重要时机。

要避免研究选题的不可持续性。在学术职业规划中后期阶段，一些学者可能早已进入了在职退休状态，年复一年数着日子，直到真正退休的时刻到来。

笔者听到一些学者谈论学术生涯的中年危机，这主要跟厌倦有关吧！学术之路若走上个十几年，多数学者已经登上了学术生涯的顶峰。若是在过去的那么多年里一直做着几乎一成不变的工作，他们可能会成为很好的授课老师，但是他们有可能再也没有什么新的东西可学习、可贡献，或者再也无法从中发现挑战、获得满足，而他们很可能还要在未来的几十年里从事同样的研究领域。

那些学术界中的少数学者，把漫长的学术生涯视为提升自己、服务社会的机遇，他们也变成了学术界中的典范。

要管理好自己的学术生涯的后半段，有一个先决条件：学者必须在进入学术职业规划中后期阶段之前，早早做好准备。笔者所认识的一些学者早在还没有达到第一感兴趣的研究选题的学术巅峰状态的时候，就开始发展他们的第二感兴趣的研究选题。

依笔者理解，学者从事的研究选题的生命力强，可能暗含着学者自身的生命力强；一名学者若希望拥有较强生命力，非得用各种方式去滋养自己的生命不可；滋养生命的方式因人而异，胡奇英教授采用的是细读《道德经》《心经》《金刚经》等古代经典图书，保持自己的旺盛学术生命力。

学而优也不仕[①]

曾国藩在给九弟的家书中写道：“不可又想读书，又想中举，又想作州县，

① 学而优也不仕，意味着一位成熟的学者能够给自己的生命安排做减法，进一步讨论见 P159《4.5 也闲着》一文。

纷纷扰扰，千头万绪，将来又蹈我之覆辙，百无一成，悔之晚矣。”也就是说，年轻时就应该痴迷专注地学习，不要心猿意马，东一榔头，西一棒子，到头来百无一成（曾国藩，2016）。无独有偶，胡适[①]之妻江冬秀[②]虽与其志趣不投，到底是理解胡适的，她言道：“胡适身前一切都可模糊，唯在书桌做学问极为认真。”

人生无常万事空，许多学者之所以在中年前后丧失创造力，或是由于担任了行政职务而没有时间从事研究。一位学者可以“一箪食，一瓢饮，在陋巷”，虽他人不堪其忧，自己却不改其乐。这是因为他有时间，就可以坚持致力于科学研究。宋京生教授言及，如果她选择去一个幼儿园做老师，她很有信心会成为幼儿园园长，但是那样的成就却不是自己所向往的。她希望能够接触未知的研究选题，提出一些之前未被人所知的解释和建议。人与人皆有不同，有些人觉得办大企业、组织大型活动、掌握大的行政权力会有意思，但是宋京生教授觉得思想活动更深奥、更纯洁，也就更有意思。笔者博士毕业之际，导师送给笔者的忠告之一是：“无论在何种情况下，都不能放弃学问，要总处于课照上、学生照带的状态。他人可以用一纸红头文件，将你抬出来；也可以用一纸红头文件，将你再压回去。但是，学问是拿不走的。”工作多年后，笔者方体会出导师的良苦用心。Teo Chung Piaw 教授在其个人学术主页上言：总是春心对风语，最恨人间累功名。往事如烟挥手行，笑揖红尘舞长空。[③]笔者揣测，宋京生、笔者的导师和 Teo Chung Piaw 教授均持有类似观点吧！

一些学者要抵抗官位诱惑，或可从另一个侧面反映出，在一些情况下，学术界中从事学术研究所获得的待遇逊色于通过官位所获得的。反过来说，若是学者通过学术研究所获得的待遇远远超过通过官位获得的，或许就不需要考虑抵抗官位诱惑了。

不仅维护一个良好的学术社交圈，还能够专注于学术的学者，大概都是有爱学之心，必会被同行所爱，能够在学术上拥有自我，并被社会所承认。

① 胡适（1891 年 12 月—1962 年 2 月），徽州绩溪人，以倡导白话文、领导新文化运动闻名于世。

② 江冬秀（1890—1975 年），安徽旌德人，胡适之妻。

③ Teo Chung Piaw. http://bizfaculty.nus.edu/faculty-profiles/95-chung-piaw[2017-11-15].

参 考 文 献

艾伯特-拉斯洛·巴拉巴西. 2012. 爆发. 马慧译. 北京：中国人民大学出版社.

陈志武. 2010. 为什么中国人勤劳而不富有. 北京：中信出版社.

村上春树. 2015. 当我谈跑步时我谈些什么. 施小炜译. 海口：南海出版公司.

丰子恺. 2016. 豁然开朗. 北京：海豚出版社.

葛冬冬. 走出围墙的运筹学拓荒者. 2017. 科技日报. http：//news.xinhuanet.com/tech/2016-06/27/c_129091918.htm[2017-04-10].

李纾. 2016. 决策心理：齐当别之道. 上海：华东师范大学出版社.

刘乐行. 2017. 轮滑培训对幼儿初学者身体素质及自我控制能力的影响研究. 南京大学硕士学位论文.

陆谦受，吴景奇. 1936. 我们的主张. 中国建筑，26（7）：55-56.

田国强. 2016. 高级微观经济学. 北京：中国人民大学出版社.

远山. 2009. 袁伟民与体坛风云. 南京：江苏人民出版社.

曾国藩. 2016. 曾国藩家书. 李鸿章校勘. 南昌：江西人民出版社.

周三多，陈传明，贾良定. 2017. 管理学. 上海：复旦大学出版社.

Donovan J. 2014. TED 演讲的秘密. 冯颙，安超译. 北京：中国人民大学出版社.

Azoulay P，Stuart T，Wang Y. 2013. Matthew：Effect or fable？Management Science，60（1）：92-109.

Boice R. 1990. Professors as writers：A self-help guide to productive writing. Okahoma：New Forums Press.

Brown A，Murphy D R. 1989. Cryptomnesia：Delineating inadvertent plagiarism. Journal of Experimental Psychology：Learning，Memory and Cognition，15（2）：432-442.

Chen M M，Hu Q Y，Wei H. 2017. Interaction of after-sales service provider and contract type in a supply chain.Working paper. Fudan University.

Dong X，Milholland B，Vijg J. 2016. Evidence for a limit to human lifespan. Nature，538（7624）：257-259.

Dweck C S. 2006. Mindset. New York：Random House.

Federgruen A，Heching A. 1999. Combined pricing and inventory control under uncertainty. Operations Research，47（3）：454-475.

Hayward C N，Laursen S L，Thiry H. 2017. Why work with undergraduate researchers? Differences in research advisors' motivations and outcomes by career stage. Cbe Life Sciences Education，16（1）：1-11.

Jin Y N，Wang S J，Hu Q Y. 2015. Contract type and decision right of sales promotion in supply chain management with a capital constrained retailer. European Journal of Operational Research，240：415-424.

Jones B F，Wuchty S，Uzzi B. 2008. Multi-university research teams：Shifting impact，geography，and stratification in science. Science，322（5905）：1259-1262.

Kahn S，Ginther D. 2017. The impact of postdoctoral training on early careers in Biomedicine. Nature Biotechnology，35（1）：90-94.

Letchford A，Preis T，Moat H S. 2015. The advantage of short paper titles. Journal of Informetrics，10（1）：1-8.

Luchins A S. 1942. Mechanization in problem solving：The effect of Einstellung. Psychological Monographs， 54（6），1942，i-95.

Moorthy K S. 1984. Market segmentation，self-selection，and product line design. Marketing Science，3（4）：288-307.

Mueller P A，Oppenheimer D M. 2014. The pen is mightier than the keyboard：Advantages of longhand over laptop note taking. Psychology Science，25（6）：1159-1168.

Perrachione T K，Del Tufo S N，Gabrieli J D. 2011. Human voice recognition depends on language ability. Science， 333，29，595.

Petruzzi N C，Dada M. 1999. Pricing and the newsvendor problem：A review with extensions. Operations Research，47（2）：183-194.

Priva U C. 2017. Not so fast：Fast speech correlates with lower lexical and structural information. Cognition，160：27-34.

Sarsons H. 2017. Recognition for group work. Working paper.

Siler K，Lee K，Bero L. 2015. Measuring the effectiveness of scientific gatekeeping. PNAS，112 （2）：360-365.

Simchi-Levi D. 2017. From the editor. Management Science. Published online in Articles in Advance 21 Dec.

Su X M，Zhang F Q. 2008. Strategic customer behavior，commitment，and supply chain performance.Management Science，54（10）：1759-1773.

Tsay C J. 2016. Privileging naturals over strivers：The costs of the naturalness bias. Personality & Social Psychology Bulletin，42（1）：40-53.

Wagner C S，Horlings E，Whetsell T A，et al. 2015. Do Nobel Laureates create price-winning networks？An analysis of collaborative research in physiology or medicine. PLOS One，10（7）：e0134164.

Wang S J，Hu Q Y，Liu W Q. 2017. Price and quality-based competition and channel structure with consumer loyalty. European Journal of Operational Research，262（2）：563-574.

Wuchty S，Benjamin F J，Uzzi B. 2007. The increasing dominance of teams in production of knowledge. Science，316（5827）：1036-1039.

Zeng X H，Duch J，Sales-Pardo M，et al. 2016. Differences in collaboration patterns across discipline，career stage，and gender. PLOS Biology，14（11）：e1002573.

Zuckerman H. 1967. Nobel Laureates in science：Patterns of productivity，collaboration，and authorship. American Sociological Review，32（3）：391-403.

致　谢

写作的过程是倾听自己觉醒的声音，诚实地把它记录下来。

自 2013 年始，我开设面向本科生的学术研讨课，开始思考如何教授从未有过研究经历的本科生开始他们的第一个研究项目。到 2015 年，我到圣路易斯华盛顿大学进行学术访问，受教于姜宝军副教授与张付强教授，掌握了做高水平研究的基本要求与步骤，那时的感受实难去量化，全在潜移默化中。转念再想，应该记录下潜移默化中的感悟作为纪念，或许对他人也有帮助，于是开始记录所思所想，就这样断断续续写了两年。过去两年里因各种论文撰写、职称评定，屡想中止，但每想到船起锚之后，就一定要到达彼岸的信念，我终究得以锱铢积累地写完。

我从未离开过象牙塔，只是因为自己在成长，坐标在变化，坐标中的象牙塔，也就随之变化着。一路过来遇到的有趣的人和事，可能他们自己相忘了，我却要和他们一路相望，不曾相忘。在写作的过程中，与如下同行的交流使我获得了很多启发。他们是：特拉华大学陈滨桐教授，哥伦比亚大学陈方若教授，清华大学陈剑教授、邓天虎和杨柳副教授，加利福尼亚大学戴维斯分校陈蓉教授，伊利诺伊大学香槟分校陈新教授和刘云川副教授，得克萨斯大学达拉斯分校陈建清副教授，中国科学技术大学崔志坚教授、苟清龙副教授和余玉刚教授，武汉大学戴宾教授，华中科技大学邓世名和李建斌教授，上海交通大学丁雯博士生，北京理工大学董沛武教授，圣路易斯华盛顿大学董灵秀教授、姜宝军副教授和张付强教授，香港科技大学董昶博士生，澳门大学付琦助理教授，复旦大学冯天俊和胡奇英教授，香港理工大学郭晓滕和肖光助理教授，上海财经大学葛冬冬教授，南京航空航天大学郝忠原助理教授和徐海燕教授，香港城市大学洪流教授，陆晔、寿碧英和戚亚煊副教授，上海交通大学黄培清、蒋炜和朱庆华教授，罗俊副教授，加拿大多伦多大学胡明教授，东北大学蒋忠中教授，中国科学院李纾教授和姚大成副教授，厦门大学蓝永泉助理教授，香港科技大学刘倩副教授、黎擎教授和 Javad Nasiry 副教授，新加坡南洋理工大学刘方助理教授，天津大学刘伟华教授，纽约城市大学李杉助理教授，威斯康星大学麦迪逊分校龙小洋助理教授，华南理工大学牛保庄教授，加利福尼亚大学伯克利分校和清华大学申作军教授，北京大学宋洁副教授，杜克大学宋京生教授，加利福尼亚大学尔湾分校尹淑娅副教授，杜兰大学谭寅亮助理教授，西北工业大学王军强教授，纽约大学肖文强副教授，中欧国际工商学院谢晓晴副教授，芝加哥大学辛林威助理教授，上海纽约大学张任宇助理教授，上海大学赵晓敏副教授，南加利福尼亚州立大学朱阳副教授，南京大学陈道蓄教授、丁和根教授、黄力副处长、贾良定教授、刘帆博士、刘烨副教授、沈乐群老师、盛昭瀚教授、王振林教授、周晶教授和周跃进教授，上海交通大学丁雯博士生，圣路易斯华盛顿大学李豫博士生、许发胜博士生和言浩博士生，复旦大学明亚欣博士生，中国科学技术大学邵珍博士生，南京大学柴彩春博士、卢珂博士生、魏菲硕士生和刘乐行硕士生。

在本书的写作过程中，与业界人士的交谈，也令我获得了很多启发。他们是：方星博士，南京长安马自达有限公司高炳钢、王克峰先生和孟霞女士，肖军画家，张永青女士，赵丹青教练，钟煦冬先生，周健儿博士，德意志银行纽约分行张峻栋博士。

我的一些学生时而效法有事弟子服其劳的古训，以读者的身份，提供一些从我的角度无法轻易想到的体会和资料。李皓语同学分享了她与我相处中对师生之道的感悟，用图形、简洁的语言讲解写学术论文的经历及参加学术会议的体会。刘乐行同学和叶勋垒同学分享了从事专业体育运动的经历及对自身学习和研究方式影响的感悟。石玲同学分享了从事学术研究及在工业界实习的经验与体悟。蔡瑾玲、刘文渊、刘洋、李昕、芮家琪、杨昀昉、尤顺利和郑旖旎等也从不同角度给出了建议。

在形成本书初稿的过程中，我在教授的本科生班级上分享了主要观点，修课的同学提出了许多非常宝贵的建议，他们是鲍思南、柴昭、高龙淼、郭皓辰、胡彬、李天胤、刘文渊、刘正锋、阮馨慧、王靖宇、王恬格、杨昀昉、叶勋垒、张道渝、张弦、郑民和朱雅笛。

写作本书的初衷只是为令我心情舒畅，因而初稿的行文逻辑、遣词造句未能过多顾及读者的阅读感受。我在南京大学的学生如蔡瑾玲、柴昭、李皓语、卢珂、刘洋、石玲、叶勋垒、郑旖旎等花费了大量时间校读初稿，从作为学生和读者的角度提出诸多增强行文可读性的建议。我曾经教授、现在新加坡国立大学攻读博士学位的刘威志同学为本书绘制了思维导图。我在南京大学的同事如丁和根教授、刘烨副教授、瞿慧教授、肖条军教授、徐花副教授、周晶教授对文中的多数观点、行文语气给出了修改建议。我在学术领域的同行也给出了诸多建议。上海大学赵晓敏副教授逐字校读了书稿，指出了可能引发歧义、争议的观点，这有助于笔者将行文逻辑修改得更加严谨。清华大学陈剑教授、中国科学技术大学苟清龙副教授、复旦大学胡奇英教授、杜克大学宋京生教授、瑞典林雪平大学唐讴教授、上海纽约大学张任宇助理教授、上海大学赵晓敏副教授等在繁忙的科研活动之中，抽身而出，静心细读了本书，并给出建议。

南京大学李迁副教授和李皓语硕士生建议修改了本书的中文书名，香港城市大学陆晔副教授为本书提供了英文书名。

在本书初稿准备、申请出版、审稿、版面设计等过程中，科学出版社朱丽娜编辑给出了很多创新性建议，这为本书增色颇多。本书的出版也是我与朱丽娜编辑的二度合作，从她的身上再次观察并学习到了科学出版社的专业、敬业精神。科学出版社高丽丽编辑拥有高超的文字表达能力，反复修改行文逻辑、语句、语气，极大地增强了本书的阅读流畅感。与高丽丽编辑的再度合作，我从中受益匪浅。科学出版社教育与心理分社付艳社长对本书的呈现逻辑方式和形式美感提出很多建设性建议，令我感受到科学出版社精益求精、追求卓越的精神。

书中部分画面来自我的家人、朋友的日常照片；感谢美国伊利诺伊大学厄巴纳-香槟分校陈新教授和刘云川副教授，上海交通大学黄培清教授，天风天信财富投资管理有限公司黄新华硕士，香港理工大学郭晓朦和肖光助理教授，美国杜克大学宋京生教授，暨南大学魏莹副教授，南京市某小学肖靖恬小朋友，深圳市某幼儿园大班桃桃小朋友。还有一部分画面来自朱亚文教授海内外游历时的观察。记录下生活中一瞬间的美，可以让我在严谨的学术生涯中体会到人性之美。

南京大学医学院朱亚文教授及其爱子朱颖弢硕士生为本书绘制了插图，增强了行文的观赏流畅性，未署名的插画皆为朱亚文教授所绘。21 世纪教育研究院副院长熊丙奇博士为本书作序。复旦大学胡奇英教授慷慨地贡献出宝贵的学术时间，以作序的形式点评本书。国家自然科学基金项目（编号：71471086、71271111）慷慨资助了本书出版。

我攻读硕士学位的指导老师哈尔滨工业大学董沛武教授（现任教于北京理工大学）与攻读博士学位的指导老师上海交通大学黄培清教授，总是义无反顾地鼓励，又毫无保留地批评我，我的学术研究之路永远被两位教授的学术理想光芒和人性光辉所照耀。

我要深深地感恩父母给予的无尽支持。在我的学术生涯中，父亲与母亲永远鼓励我在学业上精益求精，他们纵然无法理解我所从事的学业，却无妨他们义无反顾地支持我的任何决策，虽常有溺爱之嫌，却也成就了一段段父女、母女之间美好的记忆。父亲和母亲一起在温饱刚及的年代，胼手胝足，努力工作，把孩子们都培养出来，他们的坚毅和远见是我一生的精神财富。

本书虽尽可能用具象例子说明学术研究的过程，但是行文叙述抽象的“学术”味道还是多了一些，或可以采用更具象的“文艺”风格，增强行文的可读性。

学术研究没有必然的范式。我通过切身体会并在百家之言的帮助下，尽可能提炼出大家公允的思想标准，得以使本书的内容严谨而丰满。我谨以本书向那些无私分享观点并给予帮助的学者表达深深的感谢。

李　娟

2017 年 7 月 20 日于南京

	1.1	1.2	1.3	1.4	1.5	2.1	2.2	2.3	2.4	2.5	3.1	3.2	3.3	3.4	3.5	4.1	4.2	4.3	4.4	4.5	5.1	5.2	5.3	5.4	5.5	6.1	6.2	6.3	6.4	6.5	6.6
1.1 学生如何与教授相处					1																	1		1			1				
1.2 令学生喜欢的教授			1																			1				1					
1.3 令学生无奈的教授		1																													
1.4 令教授喜欢的学生								1						1																	
1.5 令教授头痛的学生	1																														
2.1 问渠哪得清如许								1		1			1					1			1					1					1
2.2 为有源头活水来								1	1		1				1		1							1							
2.3 诱人的陷阱				1		1	1			1			1								1										
2.4 登泰山而小天下							1																							1	
2.5 工欲善其事必先利其器						1		1																							
3.1 下笔不难							1										1														
3.2 行文简洁													1		1																
3.3 由繁及简的理念						1		1				1			1																
3.4 文改百遍，其义自见				1																	1				1						
3.5 做学术报告							1					1	1				1						1						1		
4.1 具备体育精神																		1												1	
4.2 持好奇心							1				1				1				1												
4.3 能独处						1										1				1	1										1
4.4 可质疑																	1					1		1					1		
4.5 也闲着																		1													1
5.1 具有研究特色						1		1						1				1							1			1			
5.2 与同行合作	1	1																	1												
5.3 准备学术报告															1																
5.4 学术交流	1						1												1												1
5.5 理解同行评议制度														1							1										
6.1 授课的艺术		1				1																									
6.2 课程的管理	1																														
6.3 入学术界与否																					1										
6.4 进与退学术界															1				1												
6.5 勿触学术不端红线									1							1									1						
6.6 避免学术职业危机						1												1		1				1							

文章间脉络图